本願寺

井上鋭夫

講談社学術文庫

はしがき

草深い東国の一隅で親鸞の開いた浄土真宗が、無数の人々を「安心《あんじん》」の境地に導き、日本仏教諸宗派のうちで最大の教団となったことは驚歎に値する。この真宗の中心は親鸞の墳墓で、本願寺はそこから、親鸞の外曾孫覚如によって、寺へと発展させられたものである。それもはじめはささやかな貧しい寺院であったが、封建社会の進展とともに急激に拡大し、真宗門徒のほとんどすべてを傘下に包容し、一大社会勢力として日本歴史の檜舞台に登場してきた。

私は本書において、この本願寺の数奇な波瀾に富んだ発展過程を客観的に考察し、その発展の背景をなす日本の社会・政治・経済・思想と関連させつつ叙述しようと試みた。その点これは本願寺の科学的由緒書のつもりであり、本願寺発展の謎に対する一つの解答でもある。しかし本願寺という複雑尨大な歴史的形成物は、日本社会の深部に浸透しているだけに、興味深いと同時に簡単に割り切れないものであることは断わっておかねばならない。

先ず第一章では真宗というものを私なりに把握し、親鸞の純粋な人間的な信仰と世俗との交接点に真宗教団が成立してくる様相を考えてみた。

第二章では大谷家の財産相続争いとこれに対する門弟の動向・態度から本願寺の成立が覚如によって強引に遂行される事情を説明している。

第三章は本願寺史上の暗黒・欠史時代とされる時期を扱い、大きく紙幅を割いて新しい史実で空白を埋め、飛躍的発展を前にした本願寺の漸進の姿を述べたものである。とくに本願寺と真宗諸派との関係に配慮している。

第四章は蓮如・実如・証如の本願寺の勃興期を扱い、農村を把握しつつ貴族化し、武家化・大名化することを述べた。

第五章は織田信長との対戦である石山合戦を通じて本願寺も門徒も近世的に変質し、豊臣・徳川政権に結びついて行く過程に注目した。とくに教義ではなく人間関係から、本願寺が東西に分かれ、政治によって宗門が支配されるが、教団の構造とその変質は幕藩体制と原理を共通にし、従って明治の変革を必然ならしめる点を詳説したつもりである。

意余って筆足らず、研究不充分の点も多々あり、思いちがいで迷惑される向きもあるかも知れない。書き終えて、ただ江湖諸賢の好意ある御教示を仰ぎたいと思うのである。

昭和三十七年二月

井上鋭夫

（編集部注）本文中の「現在」は原本のままとし、一九六二年頃を示します。

目次

本願寺

第一章　真宗の開創

1　真宗と親鸞の思想

真宗の本質

北陸地方を歩いて誰しも感ずることは、そこが真宗王国であるということである。

山村水郭到る処に称名念仏の声を聞かざるなく、田夫野娘皆他力本願を語らざるものなし。集落あれば則ち坊舎あり、坊舎あれば則ち一向宗に属するもの、之を我が加能二国に於ける今日の実況なりとす。

日置謙《へきけん》翁の流るるごとき名文も決して誇張ではない。北陸では、仏教といえば真宗(一向宗)、真宗といえば東・西本願寺派のことである。そこでは各戸の祖忌・盂蘭盆《うらぼん》はもちろん、花祭り・蓮如忌《れんによ》・親鸞《しんらん》正忌・御講《おこう》などの行事が厳密に沙汰され、田植歌・粉挽き歌・子守唄などにまで念仏の影響が及んでいた。

この見事な民衆生活への浸透＝摂取不捨《せつしゆふしや》は、北陸に限らず、全国的なものである。両本願寺の末寺は二万を超え、門徒数は約千三百四十四万と称せられる。さらに太平洋を渡ってハワイ・米大陸にも瀟洒《しようしや》たる真宗寺院がそびえ立っている。こうした多くの末寺・門徒の上に大本山本願寺が君臨しており、その門主はしばしばローマ法王に比せられる。本願寺は近世では十万石の格式をもつ門跡寺院で、近代に入っては伯爵となり、皇室とも婚を通じている。恐らく今日に生き残る最大の名門として、皇室に比肩するものではなかろうか。

この巨大な本願寺という歴史的形成物を支えてきたものは一体何であろうか。さらには真宗とは何物であるのか。近世の知識階級に属する松浦静山《まつうらせいざん》は『甲子夜話《かつしやわ》』のなかで、無知な庶民が本願寺のために財を捨て生命を捨てることを理解し難いものとして、繰り返し繰り返し例話をあげている。しかしそれは大名でなくても、また門徒であっても容易に説明し尽くせるものではない。これを宗祖親鸞の人格なり教義なりに帰せしめることは、古来宗教的立場からとられた常套手段である。しかし阿弥陀如来の恩徳は超歴史的なものであり、親鸞という歴史的人物は偶然の所産である。偶然が

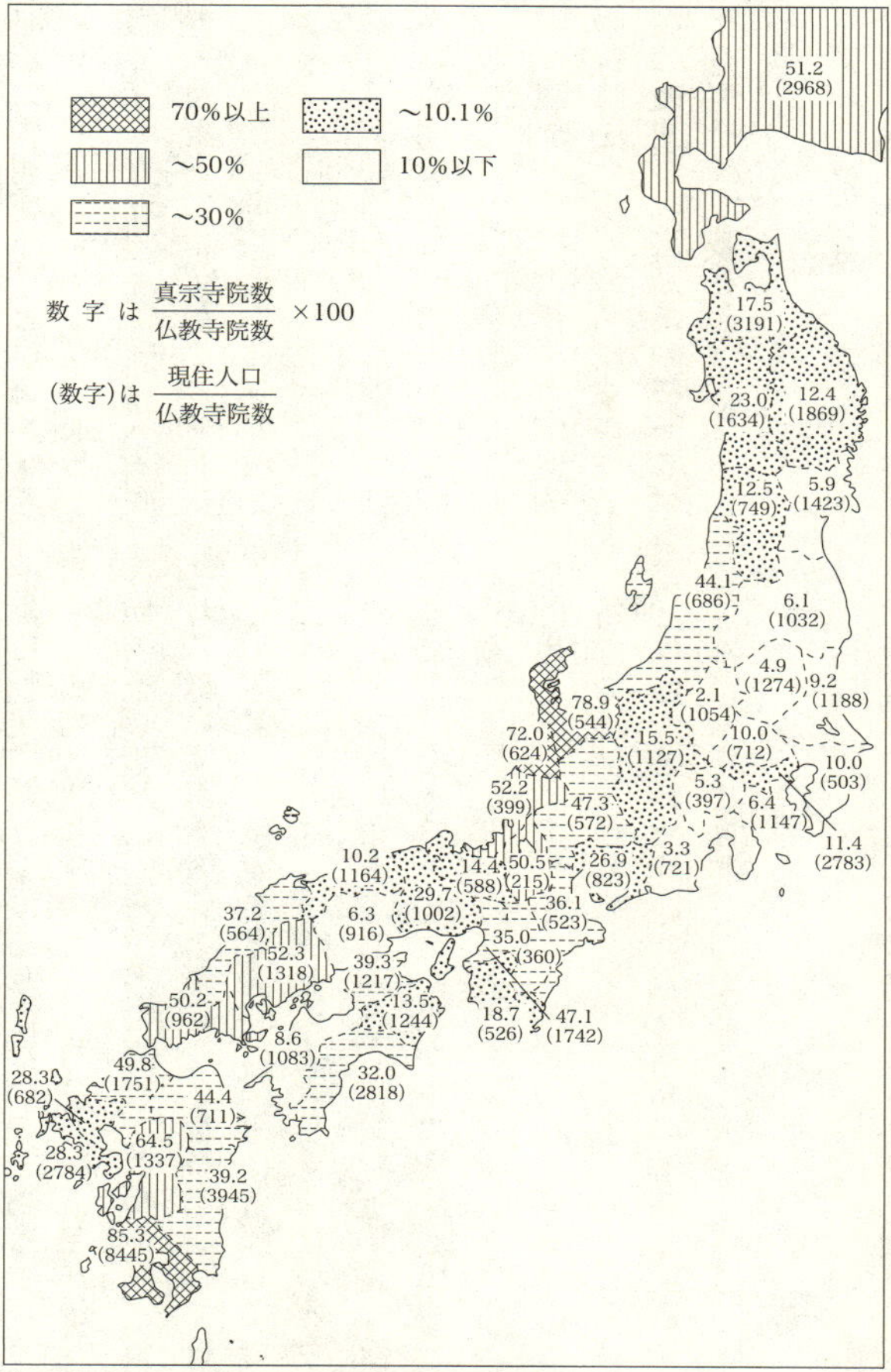
70%以上
〜10.1%
〜50%
10%以下
〜30%
数字は 真宗寺院数／仏教寺院数 ×100
(数字)は 現住人口／仏教寺院数
51.2 (2968)
17.5 (3191)
23.0 (1634)
12.4 (1869)
12.5 (749)
5.9 (1423)
44.1 (686)
6.1 (1032)
4.9 (1274)
9.2 (1188)
78.9 (544)
2.1 (1054)
72.0 (624)
15.5 (1127)
10.0 (712)
10.0 (503)
52.2 (399)
5.3 (397)
6.4 (1147)
47.3 (572)
11.4 (2783)
3.3 (721)
10.2 (1164)
14.4 (588)
50.5 (215)
26.9 (823)
29.7 (1002)
36.1 (523)
37.2 (564)
6.3 (916)
35.0 (360)
52.3 (1318)
39.3 (1217)
50.2 (962)
13.5 (1244)
18.7 (526)
47.1 (1742)
8.6 (1083)
32.0 (2818)
49.8 (1751)
28.3 (682)
44.4 (711)
28.3 (2784)
64.5 (1337)
39.2 (3945)
85.3 (8445)
真宗の現勢（1962年頃・原本初版刊行時）

必然に作用することはあっても、必然に転化することはあり得ないのである。

また明治以来真宗は十派として存在してきた。本派本願寺・大谷派本願寺・高田専《せん》修寺《じゅじ》・中野専照寺《せんしょうじ》・鯖江誠照寺《じょうしょうじ》・横越証誠寺《しょうじょうじ》・出雲路毫摂寺《ごうしょうじ》・木部錦織寺《きんしょくじ》・仏光《ぶっこう》寺《じ》・興正寺《こうしょうじ》の諸派がこれである。それらはいずれも親鸞の正統なる後継者を以て任じているし、事実その通りである。そして親鸞を継承すると同時に宗祖に背離していることも共通しているといえる。どの宗派が最も本質的に宗祖を継承しているかということは、親鸞を今日に復活させても決定できないことであろう。一世紀近い寿命を保った親鸞という人物の一面を固定させてこれを本質とし、それが生々発展して今日見るがごとき大教団を形成したとする立場自体に無理があるのである。鎌倉・室町・戦国・江戸そして近代へと政治的社会的思想的激動のなかで、親鸞の教えを継承し、その背離をも親鸞の名においてあえて行ない、歴史に対応して教線を拡げたところに現在の教団が成立したのである。真宗とは何かという問題に対する私の解答は、真宗の歴史がそれであるということである。本質はそこにあるのである。

真宗寺院の性格

まず真宗の概念を把握するために、全国いたるところに見られる寺院を観察してみよう。農村を遠望すれば三つの屋根が天空高くそびえている。役場と学校と寺院がこれである。それは後生《ごしよう》を保証し先祖の冥福を祈る寺院の社会的地位をそのまま表現している。「村長さま」「先生さま」「御寺さま」が旧日本の農村の指導層を構成していたのである。村落生活では、寺院は久しく集会所であり、身上相談所その他の社会施設でもあり、御先祖様の霊の鎮まるところであり、老人の安息所でもあった。村人たちは真宗寺院（もとは道場）を運営する「惣中」＝「講中」の構成員であり、世俗的身分に制約されてはいたが、彼等は阿弥陀如来や御開山の前では互いに御同朋御同行《おんどうぼうおんどうぎよう》であった。

寺院の住職は、僧侶の女犯《にょぼん》がきびしく罰せられた時代でも、真宗だけは肉食妻帯が当然とせられ、数百年にわたる明らかな家系を誇り、庄屋とならぶ村の名門として今に血統を伝えた。寺院の嫡子は「御新発意《ごしんぼち》」として、とくに人々から嘱目された。村の老婆が御新発意様の成長ぶりを目を細めて語り合うのは、彼が将来本尊や開山や御先祖様を、そしてまた彼等の後生を、同行と弥陀とに代わって守ってくれるからにほかならない。

寺院の中心は本堂で、その中心は内陣《ないじん》である。内陣の中央には本尊阿弥陀如来（木像）がある。その左右には聖徳太子・親鸞聖人（見真大師《けんしんだいし》）・蓮如上人・本願寺前住上人・当該寺院の開基または前住職・七高僧その他の絵像が掲げられ、その寺の祖先が祀られている。由緒ある大寺で、太子像ないし開山像が木像のときは、本堂（御堂）とは別に太子堂ないし御影堂《ごえいどう》（開山堂）が建てられ、そこに安置せられる定めである。また絵像は右のすべてが掲げられているわけではないが、太子・親鸞・七高僧は必須のものである。それではかような内陣の光景は何を物語るであろうか。

阿弥陀如来はいうまでもなく、四十八の大願を発した仏である。とくに第十八願は十方衆生が至心に信楽《しんぎょう》して極楽浄土に往生しようとし、もしそれが実現できないなら、自らも正覚《しょうがく》を取らじという大慈大悲の本願である。この弥陀の本願を信じ、自力の修行を捨てひとえに絶対者の慈悲に生きることが真宗門徒の本分である。この場合第十八願のほかの四十七の願は補助的なものである。また阿弥陀は一切の諸神諸仏を含むから、弥陀一仏を本尊として安置すれば足りる。それは名号または「方便法身像」であって、名号幅・絵像・木仏を通して弥陀を念ずるもので、偶像を礼拝しているのではない。このような点から真宗はカトリックに類似した浄土教であり、かつ徹底して一神教であるといえる。

ところでこの浄土教を我々に伝えてくれた先覚者は龍樹《りゅうじゅ》・天親《てんじん》（世親）・曇鸞《どんらん》・道綽《どうしゃく》・善導大師《ぜんどうだいし》等の印度・中国の五高僧である。中国では「五祖像」として崇敬される

光明本尊（福井県　毫摂寺蔵）

が、これに日本の先覚者である聖徳太子・源信・法然・親鸞以下浄土教の法脈を伝えた人物が付加されてくる。真宗の古い本尊である「光明本尊」(一九頁参照)には、九字(南無不可思議光如来)を中心に六字(南無阿弥陀仏)・十字(帰命尽十方無碍《むげ》光《こう》如来)の名号と阿弥陀像が画かれ、その背後に印度・中国の高僧と蘇我馬子・聖徳王・阿佐太子や源信・法然・親鸞・真仏《しんぶつ》・源海《げんかい》・明光《めいこう》などその寺に法脈を伝えた高僧を記し、天地に経釈の一節が書かれている。つまり現在の内陣の姿が一幅の絵画になっているのである。ここから阿弥陀仏がまず分離して道場や寺院の本尊として名号や方便法身の画像・木像となり、同時に太子・開山が独立し太子眷属《けんぞく》や先徳が整理され、結局本願寺一流では七高僧が一幅に残り定型化することになるのである。ただし、古くから法然像があるため、六高僧となっている寺もある。親鸞以後の高僧は、本願寺歴代の御影に代わり、せいぜいその寺の開基像が残されるにすぎなくなる。法統が本願寺的でないからである。

これを要するに真宗は、天台や真言(これと習合した八幡・白山・熊野・羽黒等の神社信仰を含む)その他の旧仏教のなかに芽ばえた浄土信仰が太子信仰と結びつき、源信・法然より親鸞にいたって一神教に純化されたものである。そして本願寺教団とは、その門流が親鸞の法統と血統をひいたと信ぜられる本願寺を中心に、本山↓末寺

↓門徒の形態で結びついたものと言うことができよう。

親鸞の生涯

歴史の発展は円環的で、その始原が全体の脊梁を形成している。「三ツ児の魂百まで」と言われるのがこれで、事物の起源がその本質を示すというのも理由のないことではない。そこでまず本願寺を見る前に、真宗そのものの開創を見ることにしたい。

真宗の開祖親鸞は日本歴史上の最高級の偉人であるが、その出自については、本願寺が心をこめて作りあげた伝説以外に知るべきところはない。彼は当時の記録にも現われてこないから、まず無名の青年時代を送ったことは間違いない。このことは一面では彼をして真剣に人間を見つめさせたものであるとともに、他面後年の彼の崇敬者をして、門閥・僧階・資産などを度外視して、親鸞の人格に傾倒させるようにしたものと考えられる。親鸞が日野有範《ありのり》の子であろうと、比叡山で堂僧をしていようと、浄土真宗にとってはなにほどの意味もないのである。

彼が山を下り法然の門に入ったところから親鸞の歴史が始まる。とくに承元元年（一二〇七）興福寺の告発による専修念仏の弾圧に連座し、越後国府に配流《はいる》となったとき、彼の人生そしてまた無数の真宗門徒の生き方は決定されたと言える。この年三月越後にたどりついた彼を迎えたものは波濤のかなたに佐渡島の浮かぶ日本海、若葉におおわれた頸城《くびき》平野、そのかなたにそびえ立つ妙高の山々であり、潮焼けした漁夫、手の節くれだった農夫の姿であった。流人としての親鸞はまずそこに師匠も経典も国家権力の保護もない、自由と生の歓びを見いだしたことであろう。しかも冬季の北海の荒波、半年にわたる豪雪、しばしばの飢饉は京都育ちの知識人にギリギリの流人生活を味わわせ、強い意志と身体と人間としての深さを与えたことと思われる。

この配流が親鸞の再出発であったことは、この数十年後に著わされた『教行信証《きょうぎょうしんしょう》』の後序を、この事件の回想から始めていることで知られる。彼は承元の弾圧を「主上臣下、法に背き義に違《たが》い、忿《いかり》を成し怨《うらみ》を結ぶ」ところに起因するとし、「僧儀を改め姓名を賜うて遠流《おんる》に処」せられたので、「已《すで》に僧に非ず、俗に非ず、是の故に禿《とく》の字を以て姓と為す」と言っている。そこでは「聖道の諸教」「洛都の儒林」と結ぶ国家権力が激しい言葉で非難せられており、彼の後半生を貫いて不当な権力への否定的態度が生きていたことを示している。僧にあらずとは国家安全を祈り、その保護を受ける僧でないことを言い、俗にあらずとは国権の不当行使によって還俗《げんぞく》させられ、藤井善信《ふじいのよしざね》と名乗らされたもので、それは自己の意志や責任で仏道を放棄したのではないからである。つまり非僧非俗とは権力への奉仕とその追求をもっぱらとする境遇を離脱し、自由なる修道者・念仏者としての地位と自覚を獲得したことを意味する。「禿」とは僧の戒律を持せず、肉食妻帯するものを賤しんで禿首・禿居士と称していたのを逆用し、加古の沙弥教信にならって真実の念仏者の意に用いたものである。親鸞はこの後「愚禿《ぐとく》」と称するが、この愚も聖道門つまり国家仏教の南都北嶺の学匠に対し、浄土門の修行者をかく称したのである。

愚禿親鸞の生涯はかく自由と真実に貫かれ、古代仏教や国家権力との絶縁、世俗と信仰の分離を基調とするものであった。この立場で彼は恵信尼《えしんに》と結婚し、赦免ののちも京都に帰らず、妻子とともに関東に移住した。そして在関二十年の間、「自信教人信《じしんきょうにんしん》」の立場で布教し、土の臭いの浸み込んだ浄土真宗が、彼の人格を中心として弘まっていったのである。

呪術の否定と経済倫理

天台・真言・法相等古代国家の仏教は、荘厳な堂塔を構営し、盛大な仏事を営むが、それもつまるところ加持祈禱をなすことが使命であるからである。加持祈禱は超人間的な霊力に対し、所定の手続きによって働きかけ、有限の人間の無限の願望や欲望の実現を期するもので、本質的に呪術にほかならない。それは鎮護国家・息災延命・子孫繁昌によって貴族に奉仕し、また神仏習合によって原始的シャーマニズムの系譜をひく民族信仰と融合していた。諸国の神祇は村の鎮守にいたるまで現世利益《げんぜりやく》をもたらす呪術的世界の神々であり、密教的諸仏を本地としていた。それらは社会的慣習と結びついていたから、大社巨刹《きよさつ》への信仰よりもさらに強固な基盤を持っていたといえる。そしてそのいずれも現状を維持し、伝統的権威を守り、新しいものの出現を阻止するという役割を果たすものであった。

その故に親鸞の国家仏教批判は、南都北嶺に対する攻撃にとどまらず、呪術と因習との抗争でもあった。親鸞も衆生利益《しゆじようりやく》のため三部経の千部読誦《どくじゆ》を思い立っているように、仏の加護を期待する人間の執心をやはり潜ませていた。この自力の心を振り捨てることは、親鸞の論理の自律的展開によって可能であろうが、社会の深部に潜む俗信を潰滅させることは至難の業と言わねばならない。教化の対象たる武士も庶民も、遁世者親鸞のように慣習・迷信・権力といった業縁を断ち切るわけにはゆかないのである。しかし親鸞は勇敢に迷信・俗習という呪術的束縛から民衆を解放し、正しい認識(正見《しようけん》)と正しい思考(正思惟《しようしい》)つまり真の仏教を身につけさせることを念願としていた。

悲しきかなやこの頃の　和国の道俗みなともに
仏教の威儀をもとゝして　天地の鬼神を尊敬《そんきよう》す

悲しきかなや道俗の　良時・吉日をえらばしめ
天神・地祇をあがめつゝ　卜占・祭祀つとめとす　（和讃　愚禿悲歎述懐）

山伏・巫女・神主・庵主等の説く迷信や、慣習として存在する農耕儀礼・日時方角の吉凶・触穢《しよくえ》などに盲従する農民が、彼にとっては悲歎の種であった。念仏者は「外儀は仏教の姿」で、「内心外道《げどう》を帰敬」するものであってはならない。「自然法爾《じねんほうに》」つまり絶対者のはからい＝理性に従って生産すべきものなのである。しかし農民がこのような信＝真の立場で生産力発展に対して桎梏《しつこく》化した俗習を放下《ほうげ》するとき、社会はこれを非難し、排撃せずには置かない。真宗門徒が後代まで「門徒もの知らず」「加賀ッポ」「一向宗」として軽蔑されたのは、このようなところに起因するのであろう。
これについて親鸞は次のように説明している。

多聞《たもん》浄戒えらばれず　破戒罪業きらわれず

たゞよく念ずる人のみぞ　瓦礫《がりやく》も金《こん》と変じける　（帖外和讃）

言いかえれば、俗習（外道の定めた）に従うか否かが問題ではない。実り多き人生は絶対者の慈悲のままに生きることの結果として招来されるにほかならないのである。真宗が農業生産性の高まりとともに農村に受容され、急速に展開する基礎はここにあった。

人間性の確立

意識は存在の反映であるといわれる。親鸞の神聖国家・呪術的権力の否定も十一、二世紀以降の農業生産力の進展と無関係ではあり得ない。稲作の進歩・農具改良・肥培技術の進展・二毛作の普及・土地占有権の確立などによって、民衆の生活と思考が飛躍的成長をとげたのである。神聖君主が「三宝《さんぼう》の奴」と称し、「金人《こんじん》」と称せられた異様な仏像の呪力を背景に、解体してゆく氏族村落を氏神＝本地仏を通じて支配した古代国家は崩壊に瀕していた。百姓名主と地頭領主が、新たに社会的生産力の前面に押し出されてきた土地生産力を掌握し、貴族・大社寺の爪牙や私民から、人間的自覚をもって、思想的にも成長してきたのである。封建関係とは、このような人間と人間との支配・従属の関係にほかならない。それは不平等ではあるが、人間の存在を前提とする点で古代より進んだ社会結合であった。「信心正因《しんじんしょういん》」「称名《しょうみょう》報恩《ほうおん》」は、かかる人間的自立の基礎に立って生きるという事実を考えることを教えたのである。親鸞の反社会性は先覚者の常であって、それはまた新しい社会関係の萌芽が、すぐれた思想家にいち早く感じとられたものと言わねばならない。

阿弥陀如来の本願を信ずる人々の集団は、かように自覚せる人々のフェローシップによる新しい広汎な社会結合であった。親鸞は人師たることを好まず、門弟を一人も持たないと言っているが、そこに画かれている世界像はフラットな同行同朋の社会である。それは庄園の貢納物と余剰生産物と日宋貿易品によって中央都市・各地庄園の市場・中継港湾都市をつなぐ全国的流通機構の成立と相応ずるものであろう。それが弥陀如来という一つの中心を志向していることは、十六世紀末の天下統一が数世紀前に親鸞の意識において、理想像として存在していたことを示している。農民の自立化とその国民的統一とが、呪術的世界から脱した日本中世社会の基本的路線であり、それが真宗の弘通という歴史現象を生んだとも言えるのである。

しかし真宗門徒も、支配＝従属関係による人間結合という鉄則の例外でなかったし、隔地間商業が在地領主層（地頭・名主）に担われているという事態を無視することも許されない。親鸞が武士・農民・商人・漁人・狩人さては女人を同行として遇したにせよ、彼は門末にとっては、憧れの都より来た高僧であり、令名高き法然上人門下の逸足であった。彼の妻恵信尼も兵部大輔三善為教《みよしためのり》の女《むすめ》という実悟の『大谷一流系図』の記載は簡単には信ぜられないが、単なる農家の出身とは考えられない。本願寺に蔵せられる十通の恵信尼書状によっても、当時の地方の文化水準から見て、文字も達者で、文章も委曲を尽くし、日記もつけていたらしく高い教養の持主である。また晩年八人の下人《げにん》を娘の王御前（覚信尼《かくしんに》）の名義にして郷里に帰り、これら下人を使役していた。また孫を「公達《きんだち》」と呼び、七尺の五重石塔造立を計画し、子女は近隣の諸村に居住し地名を姓としている。このような点から見て彼女は在地領主クラスの出身であり、当時の武家の慣習に従い、女子相続分によって老後の生活を楽しんでいたものと思われる。親鸞の関東移住も恵信尼の実家の所領関係ないしは縁故によるものとされている。

ここから親鸞の教えが実社会に弘まる場合、親鸞を棟梁と仰ぎ、身分制秩序の脱け難い教団ができるのは避けられないことであった。親鸞の門弟は、また各々法統を正しく継承するものとして、同行＝門末から小親鸞と仰がれるのである。それはまさに土地台帳の長さよりも、臣下の数によって君主の権力が規定される封建関係にほかならない。

しかも真宗は阿弥陀への絶対帰依を主張し、自力のはからいを全く否定する。阿弥陀の本願は不可思議とされて、思考停止がそこに要求され、阿弥陀は親鸞に投影している。そこで親鸞の後継者と信ぜられるものが出現すれば、親鸞の教えを新しい呪術的手段とし、門末を強力に統制できるはずであった。真宗教団が阿弥陀如来の光明を背景に、親鸞の血統を法王とする仏国として、封建的秩序を形成してゆくのは、親鸞の論理ではなくこの世俗の論理に基づいているのである。

2　同朋教団

真宗教団の起源

法然は『選択《せんちゃく》本願念仏集』のなかで、自宗を「浄土宗」と号している。これに対して他宗派からは一般に「念仏宗」「専修念仏者」「一向専修」と呼ばれた。親鸞はこの法流に属しているが、彼はこの浄土宗のなかに真と仮の区別を設け、単なる浄土宗の言葉で満足せず「浄土真宗」「真宗」の語を用いたようである。それは今日とちがって法然の新たに立てた浄土宗を意味している。そこで親鸞の門流としての真宗教団は彼の時代には浄土宗として存在し、その一派として親鸞を中心に結合したものであると言える。

ところで浄土宗の前提である念仏者ないし阿弥陀信仰は古くから関東に存在していた。ここは主に天台の勢力下にあり、叡山の常行三昧《じょうぎょうざんまい》堂に発する不断念仏が太子信仰を伴って広く行なわれていたのである。治承四年（一一八〇）源頼朝は、戦場に臨み、勤行怠慢のおそれあるため伊豆山法音比丘尼に毎日千百遍の阿弥陀仏名を唱えさせている。また北条時政も文治五年（一一八九）伊豆に願成就院を建立し、阿弥陀三尊を本尊の一つとしている（吾妻鏡）。このような阿弥陀信仰の上に不断念仏の流伝も著しく、陸中毛越寺《もうつうじ》・下野《しもつけ》日光山・羽前立石寺《りつしゃくじ》・伊豆走湯山《そうとうさん》などに常行三昧堂が建立された。熊谷直実《くまがいなおざね》・宇都宮頼綱《うつのみやよりつな》・和田朝盛《とももり》・平康頼《やすより》（三門徒派の祖とされる）等が浄土の法流に帰したのは決して偶然ではない。これが専修念仏へと転化し、社会の下層へ沈澱していったと思われる。

このような東国の阿弥陀信仰のなかで、信州善光寺と聖徳太子は重要な地位を占めていた。農民が仕事を休んで縁日を祝う辻堂は、庚申・地蔵・薬師・観音など全国共通のもののほかに、関東ではとくに太子堂《たいしどう》と如来堂《にょらいどう》が目立っている。そして善光寺如来《ぜんこうじにょらい》は聖徳太子・蘇我馬子と深いつながりがあると信ぜられていた。太子は我国に仏法を伝えた最初の人であるとともに、浄土教では太子は観音で、観音は弥陀第一の弟子であるから、念仏門の先達であるとされている（私聚百因縁集）。鎌倉幕府の三代将軍である源実朝が、聖徳太子影を持仏堂に安置し毎月二十二日供養していたらしいことや、『御成敗式目』が十七条憲法にならっていること、鎌倉期の太子像が東国によく見られることなど、関東では浄土信仰・末法思想と深く関係しつつ太子信仰が流布していたのである。

親鸞の「教人信」の基盤はまさにこの関東における善光寺如来と聖徳太子への信仰であった。一光三尊の善光寺如来の中尊は阿弥陀仏で脇士《わきじ》は観音と勢至《せいし》である。親鸞は太子が救世《くぜ》観音で、法然が勢至という当時の信仰の上に立ち、観音・勢至は弥陀信仰へ引き入れる方便であると説き、皇太子聖徳和讃・善光寺如来和讃をもってその徳を讃えた。彼を法然へと導いた契機も、ほかならぬ六角堂における太子の示現にあるとしている（恵信尼消息）。

親鸞が滞留した常陸《ひたち》国稲田の禅坊の本尊は聖徳太子で（顕正流義抄）、もと太子堂であった。三河門徒発祥の地柳堂も太子堂と伝えられる（柳堂縁起）。親鸞から稲田坊を譲られたという善性《ぜんしょう》の遺跡（子孫）である長沼浄興寺《じょうこうじ》も太子が本尊で、善光寺と関係があったと思われる。浄興寺に限らず東国真宗寺院の多くは太子像・絵伝・眷族《けんぞく》連座の御影などを有しており、聖冏《しょうげい》は門徒が阿弥陀を本尊とせず、太子を本尊として「正専修正行人とし」ていることを「可レ笑々々」といっている。さらに親鸞第一の高弟、真仏の高田専修寺も善光寺三尊を安置した如来堂で、この三尊仏は現在秘仏として十七年ごとに開帳されている。善光寺如来が我国に渡来した最初の仏像で、それがほかならぬ阿弥陀仏であるところから、太子と同様、日本仏教の始源が浄土教にあり、この末法の世にこそ始源に帰り、真宗を信ずべき時機であることを知らせるのに役立てられたのである。

東国の門弟

関東は真宗発祥の地であり、高田門徒・鹿島門徒・横曾根門徒等有力な門弟の率いる小教団も多く関東にあり、従って原始教団では関東門侶は圧倒的地位をもっていた。『親鸞聖人門侶交名牒《しんらんしょうにんもんりょきょうみょうちょう》』には親鸞面授の弟子四十八名を挙げている。その地理的分布は京都七、下野六、常陸二十、下総《しもうさ》四、武蔵一、奥州七、遠江《とおとうみ》一、越後一、不明一である。このほか親鸞の消息や言行録とくに『二十四輩牒《はいちょう》』などに見えて『交名牒』に漏れているものが三十名近く数えられ、東国の判明せる親鸞直弟は七十名近くに達する。東国教団の地位を察すべきであろう。

ところが「真宗の現勢」図（一五頁参照）によって見ると、現在の関東・奥羽は真宗の普及率の著しく少ない地帯である。このことは親鸞門流で本願寺教団に摂取されず、浄土宗や天台・真言宗に属するか、あるいは他国に移ったり遺跡の絶えたりしたものもあると考えられる。しかし多くは現在本願寺傘下に入っているので、やはり蓮如・実如《じつによ》時代の本願寺教線の飛躍的拡大の時期に、東国では北陸・西国・東海のような開展が見られなかったためと考えねばならない。この場合、本願寺は農村門徒を掌握したものであるから、関東と北陸との真宗教団開展の著しい相違は十五、六世紀における農村構造の相違によるものと思われる。そこで初期の真宗教団の構成を見る場合、ひとしく農村に弘通したものであっても、後年の本願寺教団における農民門徒と同質の門弟を想定することは回避しなければならぬ。

村上専精《むらかみせんじよう》博士の名著『真宗全史』は、親鸞門下の特徴として「学者少なし」「武人多し」「遺跡を有す」の三点をあげている。我々は門弟が遺跡を有することによって寺院の開基の俗姓《ぞくしよう》（世俗的身分）を推測できるのであるが、各寺院の所伝によれば、多くの真宗寺院の開基は武家となっている。高田市浄興寺の祖善性が後鳥羽上皇の皇子であり、その弟善俊《ぜんしゆん》が白川照蓮寺《しようれんじ》の開基であることはさておくとしても、布川教念《ぬのかわきようねん》（笠原本誓寺祖《ほんせいじ》）は信州源氏井上氏とされ、了智《りようち》（松本正行寺祖）は宇治川の勇士佐々木高綱《たかつな》、無為信房《むいしんぼう》（越後無為信寺祖）は甲斐源氏武田信義の嫡男信勝、真仏（伊勢一身田《いっしんでん》専修寺祖）は平国香《くにか》の後裔下野国司国春の嫡男となっている。これらはごく一、二の例で、ほとんどの門弟がこの類である。それは貴種流離譚や祖先の由緒書で、せいぜい親鸞が日野有範の子であるという本願寺の伝説と同程度の信憑性しかもたない。しかし親鸞が下級貴族の出身と推測される程度に、彼等門弟も地方の豪族と関係づけられないであろうか。

高田真仏は常陸真壁に住んだことがあるといわれるが、真壁には高野の明遍の流れをくむ心仏・敬仏等の専修念仏者がいたといわれるから、真仏の名から考えてそれらの人々につながると考えられる。このほか武士と関連のある浄土宗の僧侶や各地の如来堂を廻る善光寺の勧進聖《かんじんひじり》の土着したものなども親鸞の門に入ってきたことであろう。逆に横曾根性信《しょうしん》の建立した奥州土湯山法得寺がのち臨済禅に改宗した例もある。つまり親鸞につながったことで門徒となったわけで、これを特定の階層たとえば貧しい農民層と規定することはできないし、他宗他門と親鸞門徒は連続しているのである。

親鸞の帰洛後門弟は二百文・三百文または五貫文・二十貫文と懇志を送っているし、また十余ヵ国の境を越えて上洛している。当時の貨幣経済の実態より見て、たとえ額はわずかでも、隷属性の強い直接生産者が「懇志」という余分な貨幣を保有できたとは考えられない。生産者から余剰生産物を収取し、これを商人に売却できるものであるはずである。とくに二十貫（米二十石に当たる）を送った真仏のごときは明らかに武士の出身と思われ、わずかに残る門弟等の筆蹟からも東国社会の知識層であったことが知られる。ことに性信宛親鸞書状（血脈文集）では「むさし《（武蔵）》よりとて、しむ《（進》し《士）》の入道どのとまふす人と、正念房とまふす人の、大番にのぼらせたまひて候と、おはしまして候」とあるように、京都警固の大番役を勤仕する関東御家人やその郎党も門弟にはいたのである。

　しかし門弟は同時に如来堂や太子堂のように民衆生活に密着する場所を教化の拠点としている。そこで門弟の侍分は守護地頭といった有名な御家人ではなく、やはり村地頭ないし在地領主層や名主層の開けた小部分であったと思われる。その下に「在《ざい》家《け》」の門徒があり、交名帳や親鸞消息に現われる面授の弟子は在家＝有力農民を従える教団幹部＝善知《ぜんち》識《しき》であり、東国農村社会の上層に位置していたと言える。数から言えば耕作農民が圧倒的で、商人も少なくなかったかもしれない（破邪顕正鈔）。しかし事あれば数百貫の拋金をした関東門侶は、生産余剰を取り立て、市《いち》で販売し、あるいは運送手段をもって遠隔地と取り引きをし、貨幣経済に参加した土豪層が中核をなすものと思われる。親鸞の遺訓に商取引の公正を期すべきことが見え、また真宗が関東・信越・東海・北陸と広汎に伝播したことなどを考えるとき、商人的要素をその中に潜めた名主層を考えないわけにはゆかない。しかも当時の地方商人は隊商をなし、運送手段を持っているのが一般的であった。時代は下るが永享頃、関東磯部勝願寺《しょうがんじ》から本願寺へ送られた「懇志」は信州笠原（本誓寺）で為替《かわせ》に組まれている。ただし親鸞門弟に「下人《げにん》」とされているものが時として見受けられ、これを奴婢的なものと考える説もある。しかし下人の主人が農民のときはじめて家内奴隷と解せられるので、武家の下人は殿原《とのばら》・中間《ちゅうげん》・郎党で主人とともに入信したと解すべきであろう。主人に無断で、親鸞を慕って上洛した円仏房も同様で、このようなことが可能であること自体が、円仏の社会的地位がそれほど低くないことを示していると言わねばならない。

教団の組織

元仁元年（一二二四）比叡山が専修念仏停止を要求した奏状には「当世一向専修の体たらく、党を結び群をなし、城に闐《み》ち郭に溢る」としている。また『明月記』（建保五年三月）には、空阿を中心とする念仏者が「党類」を結び、毎月大宮相国堂を道場として集会したと記している。親鸞門下ももとより同様で、「念仏の人々御中」宛に親鸞の書状が発せられているから、門下の宗教生活は「念仏衆」として集団を形成してなされたのである。彼等は互いに同行《どうぎょう》であり、同朋であったが、この同朋集団は法然や親鸞の門流では地名を冠して「門徒」と呼ばれる。

門徒とは一門の徒のことで、門葉《もんよう》と同義語である。旧仏教では一師・一門跡を中心として結合した僧侶（寺主坊主）をいうが、「在家止住」である真宗では信徒・檀家の意となる。この門徒集団の中心は寺院ではなく道場と呼ばれる小堂である。親鸞・真仏・顕智《けんち》・善性などの名僧知識は、こうした有縁《うえん》の小堂に仮寓しつつ布教したもので、同一人の建てたと称せられる寺が諸方あるのはこのためである。この道場は「少しく人屋に差別《しゃべつ》あらせて小棟をあげてつく」（改邪鈔《がいじゃしょう》）ったもので、南北朝・室町期以降になると、古い由緒を言いたてて寺号を称してくるのである。

道場とは本来宗教上の修法や修行をする場であり、武道の道場などはここから来ている。寺院が国家的なものであるのに対し、僧尼令《そうにりょう》では寺院のほかに道場を立て衆生を教化することを禁じているから、いわば私的なものである。しかし真宗ではそれは門徒集会所で同行念仏の場であり、道場坊主の個人的修行の場という意味は少なく、公的・共同体的なものである。道場の敷地・建物・仏器具などまで惣有であることは一般に見られるところである。従って道場の維持・運営も同行の共同拠金によってなされ、国家や貴族の寄進した寺領を経済的基礎とする古代寺院とは全く対蹠的《たいしょてき》であった。真宗の道場（寺号を公称するものを含む）も所領をもつことはあるが、それは惣有地であって、毎年定額の懇志を道場維持費に拠出するために惣中へ私領寄進がなされるのである。

　このようなところから、門徒集団も合議制度というよりもむしろ共同体的規制が大きな役割を果たすことになる。了智の「定」によると「毎月廿八日にはいかなる大事ありといふとも、みな集会して仏法の修理荘厳をいひあはすべし、これすなはち行者の信不信を糺明《きゅうめい》せんがためなり」とか、「仏法の荘厳のために総門徒の僉議《せんぎ》あつて配分せらるる談義名米難渋すべからず、もし懈怠《けたい》せむ輩は門徒の儀あるべからず」とか記されている。すなわち親鸞の命日に同行の集会が催され、それに参加し、信心を惣中で公認されてはじめて門徒たり得るし、惣として割り当てた費用を納付しないときは門徒を放たれることになる。また全真宗門徒に関係する重要事項、例えば親鸞死後の大谷廟堂留守職《るすしき》とか、廟堂に阿弥陀像を安置する問題などは、惣門徒中の申し合わせが必要であると定められている。

　こうした集会《しゅうえ》によって重要事項を決定する方式は古来から我が国の寺院においても行なわれてきた。おそらく氏族共同体段階に発生した仏教のなかに内在したものであろう。しかし真宗の場合は農村の道場にいたるまで衆議尊重を建前としているし、個を認めつつ惣の立場で個を規制している点が、単なる氏族社会の遺制とは異なっているのである。ただここで注意すべきことは、そこには絶対者があり、言論・集会・結社その他の表現の自由が制限され、個の等質性が現実にはなく、多数決原理もないわけであって、近代市民社会の衆議尊重と同一視してはならないということである。それはむしろ後年の村落共同体における惣百姓の議定に近いもので、いわば封建会議であり、門徒惣中は鎌倉中期から畿内に登場してくる惣村共同体の先蹤《せんしょう》をなすものであったのである。そうした門徒団の封建的共同体的性格によって、善知識は同行を統制して門末化し、またそのために上位の権威を必要とするから、本願寺の本山化を必然的ならしめたと言える。

真宗門徒の生活規範

信仰は個人のものであり、真宗では念仏以外に心がけることはないといっても、生きた多数人が集団を形成し、そこに共同体的規制が作用する以上、教団の組織化につれて「掟」が生まれるのは当然である。この制禁は鎌倉末から南北朝にかけて数点残されているが、いずれも親鸞の遺訓という形をとっている。親鸞在世中は問題の解答としてこれが口頭または消息の形で出されていたもので、「造悪無碍《ぞうあくむげ》」「諸法誹謗《ひぼう》」「師をそしり善知識をかろしむる」ことなどの制禁が消息に見えている。親鸞の死後、高弟達が遺訓を整理して宗門の掟としたものであろう。

浄興寺所蔵の『専修念仏帳(張)文日記事』(いわゆる二十一箇条)も門徒集会にはり出されたものであるが、「先師伝受之手次事、愚禿親鸞聖人より善性聖人集め記すなり。法性《ほっしょう》法師伝授して披見せしめ、固く信ぜしむるものなり」と記されている。とくに末尾に「正嘉年中にこの論により、信心疎《おろそ》かなるもの出で来り、各々偏執《へんしゅ》せしむるの刻《きざみ》、古《こ》聖人給ふ所の御消息、重ねて披見せしむる所云々」とあって、宗義につき論争のあるとき、大切に保存されてある親鸞消息が決定的役割を果たしたことが知られる。

このように二十一箇条は親鸞の教訓に基づくもので、浄興寺では親鸞の真作と伝え、玄智の『真宗教典志』はこれを「後人妄制」とするがそのいずれでもない。現存のものは「和之字を以て漢之字に写す」とあるから、浄興寺第四世法性が漢文で書き直す以前は仮名文のものがあったわけで、これが当寺二世善性の正嘉年中集記したものと考えられる。正嘉年中は善鸞《ぜんらん》義絶直後の東国教団動揺期にあたり、教団は内は親鸞の素志に沿って統制を固め、外は念仏者に対する攻撃へ弁明するため、面授の門弟善性を中心として制条が定められたのである。

ここから掟の内容も外から非難されないように念仏者の過誤を戒める道徳的なものと教団統制を維持するためのものという二種の規定が含まれている。前者は「船の大《おお》乗《のり》を留むべし」「夜道を張りて独り行くことを留むべし」とか、諸法を誹謗し、諸事について人を難じたり、人間・牛馬売買の口入れ、讒言《ざんげん》・中言・虚言、他人の妻を犯すこと、賭博双六《すごろく》、商売で暴利を貪ることなどを戒めている。また念仏勤行の日に男女同座・魚鳥五辛の食事・酒狂を戒め、さらに「忌《いみ》はその所の主の忌み給はんに随ふべし」として在所の習慣に従うことを説いている。後者に属するものでは、修学二道で互いに偏執せず、諍論《じょうろん》を好まず、戯論《けろん》諍論の場に近づかず、師長を軽慢《きょうまん》せず、諸仏如来と同じと称してはならないなどの規定が掲げられている。とくにまだ師の説をも伝持しないものが私に邪義を説くことを戒め、師から聖教《しょうぎょう》・師判（師の花押）を伝授されても、師説に背いたものは、衆徒の議定を経て聖教の悔還《くいかえし》をなすことを定めている。親鸞が門弟に『唯信抄《ゆいしんしょう》』や『後世《ごせ》物語』などを書写して送ったことから、門弟がまたその門下に本尊・聖教を頒布することが行なわれ、それに師の花押を記すことによって、法門伝授を意味するようになったのであろう。聖教を悔い返すとは伝授したものを奪回することで、免許を取り消すことを意味する。

この禁制が作成された意義は、門徒の「偏執」を克服して、善知識→末学《まつがく》という組織で小教団が成立しているということである。この善知識の門末支配はもちろん絶対的なものではなく、同行同朋の基本線を離脱したものではない。聖教悔い返しにも、門弟の勘当も、衆徒の僉議を経べきものとされている。ことにこれら制禁は誓文の形で表現されるもので、親鸞の教えは衆中全部の守るべきもので、この旨に違背したときは師を含めて衆中を追放されると規定している。この点、南北朝時代以降によく見られる村惣中の掟書と同性格のものと言わねばならない。庄→名→在家という縦の支配関係に代わって、在家の地域的結縁という惣村の成立がここにも具現しているのである。真宗の弘通はこのように封建社会の展開と形影相伴うものであり、それによって空前の大教団の基礎を固め得たのである。

専修念仏の禁止と善鸞義絶

真宗教団が封建的社会関係で成り立っているならば、そしてまた御家人までも門弟としているとするならば、親鸞教団が鎌倉幕府から弾圧を蒙ったのは何故であろうか、善鸞義絶として現われる東国教団の動揺と併せて考えてみよう。

法然門下の唱える「六時《ろくじ》礼讃《らいさん》」は「さだまれるふし拍子なく、をの〳〵哀歎悲喜の音曲をなす」（拾遺古徳伝）もので、王法の衰える「亡国の声」（野守鏡下）として貴族の心胆を寒からしめた。そして念仏僧は黒衣をまとい、男女を引き入れ党を結び群をなし、ついに承元・嘉禄の法難を招いたことは有名である。ところが鎌倉幕府もまた念仏僧を弾圧している。正治二年（一二〇〇）五月将軍頼家は黒衣を憎悪してこれを禁断し、命を奉じた比企弥四郎は念仏名僧十四人を政所《まんどころ》に連行する途中袈裟《けさ》を剝ぎ取って焼き捨ててしまった（吾妻鏡）。また文暦二年（一二三五）七月には黒衣の念仏者が都鄙《とひ》に充満し、諸所を横行し、ややもすれば不当な濫行をするので停廃している。この点から見ると幕府が念仏者を嫌ったのは、亡国の声・哀歎悲喜の音曲よりも、黒衣の充満と横行であり、多衆のデモンストレーションであった。

念仏宗は古代国家への消極的抵抗として弘通し、甘糟忠綱《あまかすただつな》・熊谷直実や津戸《つのと》為守《ためもり》その他封建武家の帰依を得た。しかし関東武士が政権を握ったとき、彼等は消極的な浄土教よりも意志的な禅を選びとったのであり、黒衣の横行・礼讃の唱和に表現される集団性は彼等にとって脅威と感ぜられたのである。親鸞の門弟に御家人あり、その郎党あり、名主ありといっても、それらは関東における地頭・名主のごく一部の例外にすぎない。地頭・名主層はやはり神祇を崇拝し、在家を強く支配し、天台・真言と結びついていた。幕府がその基盤に立って念仏集団を異端または秩序を乱すと見たのは当然のことである。

ことに関東教団の指導層は青年で構成されていた。松野純孝著『親鸞』によると、親鸞が関東を去ったと思われる寛喜二年（一二三〇）には、高田の真仏は二十二歳で、これより五十二年後の弘安五年に鹿島の順信《じゅんしん》、五十三年後の弘安六年に横曾根の性信、五十八年後の正応元年に河和田の唯円《ゆいえん》がそれぞれ存命していた。また唱和する念仏にしても、京都流の淫蕩な感じさえする女性的なものでなく、豪快な男性的な「坂東曲《ばんどうぶし》」がそれではなかったかと思われる。坂東曲は東本願寺で報恩講満座の日、躰を前後左右にゆさぶり、甲高い大声で唱える念仏で、西本願寺でも寂如《じゃくにょ》のころまで行なわれていたものである。これは蓮如が吉崎より脱出する舟の上で唱えたといわれるが、何よりもその「坂東」の名がすぐれて関東的なものであることを示している。こうした若く勇壮な黒衣集団が、「往生の為に千人殺せといはんに、すなはち殺すべし」という信念をもち、社会的経済的に成長してくるとき、それは東国社会に不気味な恐るべきものと見なされたと思われる。

親鸞が「悪はおもふさまにふるまふべし」（末灯鈔）という「造悪無碍」や「神仏軽侮」「諸法誹謗」を戒め、物忌は領主に従うよう諭しているのは、念仏者以外の「余の人」が、一部の心なきものの行為によって、一般の念仏者をこのように曲解していたからで、それは真宗教団が社会の少数者の集団であることを表白したものにほかならぬ。被支配的大衆が念仏集団に結集し、念仏を弾圧する領家・地頭・名主層に対抗しているならば、もっとほかに「余の人」に対する抗議処置が示されているはずである。しかし彼は「そらごと」を言い、「ひがごと」を行なう教団内の異分子を「無眼人」「無耳人」ときめつけ、これら「獅子身中の虫」の言動によって領家・地頭・名主が念仏を禁止したことを「よく〳〵やうあるべきことなり」、つまり理由のあることと是認し、「とかくまふすべきにあらず」としている。親鸞は観念的には信仰と世俗的倫理とを明確に区分したが、そしてまた承元の弾圧を行なった京都政権を糾弾したが、領家・地頭・名主という関東の支配層に対する世俗的態度ではその念仏禁止の妥当性を認め、これらから誤解されることのないよう門弟達の自粛を要望しているのである。

親鸞帰洛後の東国では、このような教示は武士的身分の門弟には素直に受けとられたと思われる。しかし親鸞の代理として東国にあった嫡子善鸞やこれを擁した人々には別の立場があった。すなわち在地領主を中心とする既成教団に対し、善鸞は親鸞の嫡子であることを利用し、身分を超越して同行を結集する行き方をとったと思われる。既成教団から門徒の引き抜きが行なわれたのも当然で、山伏・巫女・勧進聖・遊《ゆ》行僧《ぎょうそう》その他民間信仰の小集団といった「余の人々」をも引き入れようとしたことであろう。これが「在家止住」の門末を従える高田・鹿島・横曾根という東国教団の重鎮にとっては迷惑でもあり、小癪《こしやく》とも思われた。彼等は親鸞から法門を授けられた直弟であるから、同行に対して優越的地位を占めるのであって、親鸞を崇仰しても善鸞を師と仰ぐ必要はなかったのである。自己を中心とする教団の形成に懸命であった彼等には、善鸞派の弱い立場や劣等感を酌量するゆとりはなかったのであろう。こうして追い込まれた善鸞勢力は夜ひそかに親鸞から秘伝を受けたとか、第十八願をしぼめる花にたとえたり、果ては幕府に長老たちを訴えるにいたったのである。

　親鸞はここにいたって決断を迫られ、直弟つまり主流派に軍配を挙げた。建長八年（一二五六）五月二十九日「いまはおや《（親）》といふことあるべからず、こ《（子）》とおも《（思）》ふことおも《（思）》いき《（切）》りたり、三宝・神明にまふしきりおはりぬ」と義絶を宣したのがこれである。しかしこの善鸞義絶は善鸞を失脚させ、問題の解決をもたらしたのではない。この前年すでに大部の中太郎の門徒九十余人が中太郎入道を捨てて善鸞方となっており、浄興寺二十一箇条制禁も正嘉年中の諍論によって作製せられたものであるから、善鸞か直弟かの争いはこの後まで善性門徒にも波及したと思われ、関東教団の動揺と分裂を推察することができる。そしてこの義絶によって常陸門徒は性信を中心に、高田門徒は真仏を中心にそれぞれ教団体制を固め、親鸞の正統という地位を確立した。一方善鸞は長老から異義とせられながらも、親鸞の血統を伝えるものとして新しい教線を開拓して行ったのである。この善鸞の立場はのち覚如によって継承され、本願寺の成立として結実したと言うことができよう。

第二章　本願寺の形成

1　大谷廟堂

親鸞の死

弘長二年（一二六二）十一月二十八日未時（午後二時）、親鸞は舎弟尋有《じんう》の三条富小路善法坊で九十年の長きにわたる生涯を終えた。善法坊は京都市右京区山ノ内御堂殿町の地で、安政四年（一八五七）広如は角坊《すみのぼう》別院を建立した。その臨終に立ち会ったものは尋有・息男道性《どうしょう》（益方《ますかた》入道）・末女覚信尼《かくしんに》をはじめ、下野高田の顕智《けんち》・遠江池田の専信《せんしん》などの在京の門弟たちで、「弟子一人ももたず候」といった親鸞にふさわしいものであった。

遺骸は「東山の西麓、鳥辺野《とりべの》の南の辺、延仁寺に葬」（親鸞伝絵《しんらんでんね》）り、遺骨を拾い、同山麓鳥辺野の北、大谷に納めた。延仁寺の火葬の地は東山五条坂の大谷本廟の東北と考定され、「親鸞聖人奉火葬之古跡」の碑が立てられている。また東山大谷に造られた親鸞の墳墓は、専修寺（三重県）蔵『親鸞伝絵』によると、一基の高い石塔を真ん中に建て、周囲に木柵を廻らした簡素なものである。

ところで郷里の越後に帰っていた親鸞の妻恵信尼《えしんに》の書状に、益方入道道性が親鸞の臨終の場に居合わせたのは「おやこ（親子）のちぎり（契）と申しながら、ふかくこそおぼえ候へばうれ（嬉）しく候」とあるから、道性は老年の父を見舞うため上洛したところ、運よく父の最期を看取ることができたものであろう。そこで親鸞の死に際し、葬送・荼毘《だび》・拾骨などの諸事をとりしきったものは覚信尼であったと思われる。恵信尼の帰郷した建長五、六年ごろから、母に代わって老父の身辺の雑事を処理してきたもので、母から下人八名を譲り受けているから、わずかながら資産もあったのであろう。この年十二月一日、葬送万端を終えたためか、親鸞の往生を越後の母に報告している。こうしたところから、親鸞の墳墓を建て、これを守って、親鸞を敬慕する門弟達の期待に応えるのも、やはり覚信尼が中心に立って動かねばならなかった。

親鸞は教団の主力である常陸門徒への遺言状（本願寺文書）で「今御前母」と「即《そく》生房《しょうぼう》」のことをくれぐれも頼みこんでいるが、この「今御前」は覚恵《かくえ》で、その母は覚信尼のことである。「即生房」は範意（親鸞長男）ともいわれるが、益方道性とする梅原隆章説が妥当であろう。また親鸞の所有していた下人下間《しもつま》蓮位《れんい》房《ぼう》やその子来善などは、親鸞を寄宿させた弟の尋有のものとなり、さらに即生房に譲られている。なお覚信尼が母恵信尼から譲られた八人の下人は、京都にいたのではなく、引き続き越後で召し使われており、のち飢饉のとき逃亡してしまった。

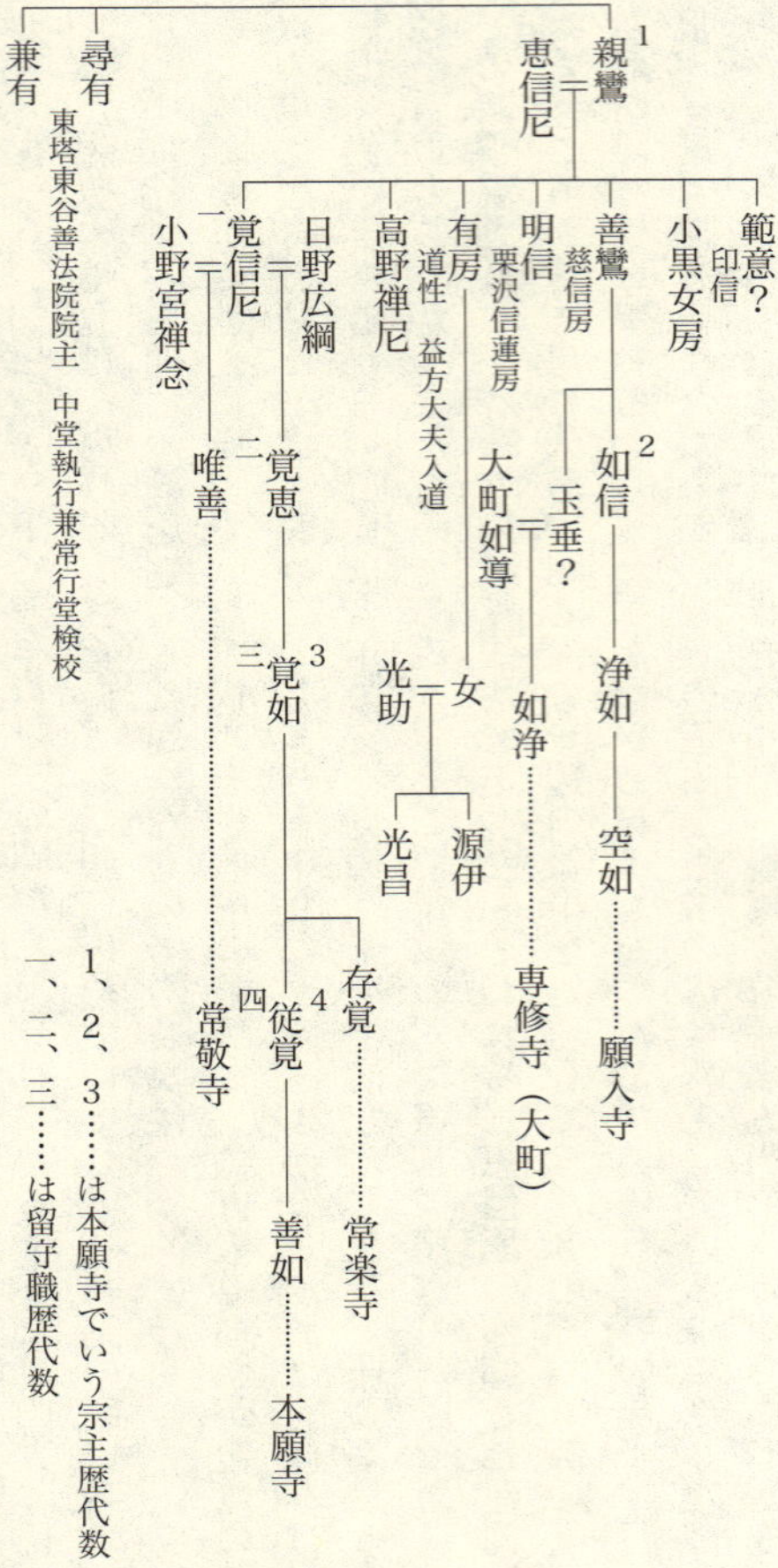

覚信尼

覚信尼は俗名を「王御前」といい、親鸞の七人の子女のうちの末子で、元仁元年（一二二四）の誕生である。父に伴われて関東より上洛し、まず久我通光に仕えて兵衛督局《ひょうえのかみつぼね》と号し、やがて日野広綱《ひろつな》（宗綱）の妾となった。広綱は父の信綱（尊蓮）とともに『親鸞聖人門侶交名牒』に見えている。

この広綱との間に覚信尼は宗恵（覚恵）をもうけたが、建長元年（一二四九）彼女が二十六歳、宗恵七歳の時に広綱はなくなってしまった。そこで覚信尼は覚恵を青蓮院《しょうれんいん》へ入室させ、自身は当時五条西洞院にあった父母のもとに身を寄せた。建長七年西洞院の住居が焼失して親鸞一家が離散すると、覚信尼は父とともに善法坊に移り、ここで父の往生にあったわけである。

このとき彼女は三十九歳であったが、その後、小野宮禅念《おののみやぜんねん》に嫁し、文永三年（一二六六）四十三歳で一名丸（弘雅・唯善《ゆいぜん》）を生んだ。禅念は覚如の伝記である『慕帰絵詞《ぼきえことば》』『最須敬重絵詞《さいしゆきょうじゅうえことば》』にともに中院具親《ちゅういんともちか》の子とされている。『尊卑分脈』には具親の子に禅念にあたる人物は見られないが、同書は九条家の出身で興福寺大乗院門跡の経覚《きょうがく》大僧正さえも記載していないくらいであるから、そこに脱漏があったとしても不思議ではない。つまり禅念は家柄もよく、若くして日野広綱に死別し、今また父に死なれた覚信尼は女盛りを過ぎて幸福な再婚生活に入ることができたのである。この再婚は老母恵信尼も祝福したもので、文永五年八十七歳の恵信尼は、次のような手紙で孫達のことを知りたいと申し送っている。

なによりも〳〵きんだち《（公達）》の御事、こまかにおほせ《（仰）》候へ、うけたま《（承）》はりたく候也、おと丶し《（一昨年）》やらんにむ《（生）》まれておはしまし候けるとうけ《（承）》給はり候しは、それもゆかしく《（床敷）》思まいら《（参）》せ候。

この一昨年（文永三年）誕生の公達は不幸にも後年大谷紛擾の主役を演ずるのであるが、しかし覚信尼は後半生を託する良縁を得たのであった。そしてさらに彼女ならびに親鸞の門弟達にとって好都合であったことは、禅念が正嘉二年（一二五八）平氏女から今小路末南において、銭八十貫文で屋地一処を買い取っており、そこに親鸞の廟堂を営むことにつき、理解ある態度を覚信尼や門弟に示してくれたことである。

廟堂の建立

親鸞を敬慕する門弟や亡父の冥福を祈る覚信尼にとっては、親鸞の墓所が簡素なものであることは淋しいことであったに相違ない。そこで禅念・覚信尼夫妻と門弟たちは協力して、文永九年の冬、つまり親鸞歿後十年を経て、その遺骨を鳥辺野の北大谷から西吉水の北の辺つまり禅念夫妻の居住地に改葬し、ここに草堂を建て親鸞の影像を安置した。これが大谷廟堂《おおたにびょうどう》である。慶長八年（一六〇三）知恩院の拡張に際し、幕命によって廟所は東山五条坂に移されたが、その旧地は現在の知恩院の山門の北崇泰院の裏庭に当たるといわれる。禅念に充《あ》てた平氏女の沽却状によると、口南北五丈二尺五寸、奥南北四丈五尺、東西十一丈五尺で一戸主《へぬし》（五十丈平方の面積）余、現在の坪数で百四十四坪のささやかなものであった。

ここに建てられた仏堂は、『親鸞伝絵』の図を見ると六角堂で、そのなかに石塔または椅子に坐った親鸞影像が安置されている。御影堂《ごえいどう》がこれであって、本願寺の濫觴《らんしょう》はここにあるのである。覚如は「造像起塔は弥陀の本願にあらず」（改邪鈔）と言っているが、真宗に限らず、祖師の人格を中心に教団が生まれ、祖塔が営まれることは仏教界の一般的趨勢であった。親鸞在世中、門弟たちは法然の命日である二十五日を毎月の念仏の集会《しゅうえ》の日と定めていたが、親鸞の死後その命日である二十八日またはその前日に改めている。このような門弟の祖師追慕の心情が廟堂建立の直接的根本的要因であって、御影堂はなき親鸞の縁者が建てた墓所ではなく、親鸞門流の同朋同行《どうぼうどうぎょう》たちの中心点であるところに、その本質があったのである。

従って敷地の所有者が小野宮禅念であることはいうまでもないが、廟堂やそこに安置された影像・遺骨は、同朋教団の共有財産であり、地上権もまた同様であった。禅念夫婦もこうして親鸞をまつるとともに、その生前と同様に遺影を崇拝し、また参詣する信徒から懇志を受けとることができたと思われる。

敷地の寄進

大谷廟堂のもつ公的な性格からであろうか、敷地の所有者禅念は死期の近きをさとり、これを覚信に譲渡した。廟堂建立の翌々年文永十一年四月のことで、ここに踏み切るまでに禅念は一年有余の考える期間を持ったわけである。『本願寺文書』に収められた「禅念房譲状案」では、禅念は「一みやう《ゆいぜんが名》には、ゆづり《(譲)》たばう《(給)》、たはじ《(給わじ)》は、御心にて候べし」と記している。つまり彼は実子一名丸（唯善）に譲るか否かは、相続人である覚信尼の意志にまかすとしたのである。

当時所有権者が女性に財産を譲与する場合、「一期之後」つまり相続人の死後の遺産配分までを規定した譲状はよく見られるところであるが、これは覚信尼が誰に譲るべきかを明らかにしていないのである。しかしそれは覚信の連れ子である覚恵やその他のものに任意に譲与できることを直接意味するものではない。覚信尼に委任されたところは、一名丸に譲るか否かということだけなのである。つまり「一名丸」が第一の正統なる遺産相続人と常識的に考えられるからこそ、このような文言が譲状に登場したのである。それは屋敷地内の廟堂を重く評価し、そこにおける覚信尼の立場を深く理解するとともに、一名丸が当時まだ九歳の幼少であり、行く末がどのように成長するかが不明であったから、暫定的に覚信尼の「親権」と「良識」に委ねたものと解釈すべきであろう。

この翌年禅念がなくなると、廟堂敷地の所有者である覚信尼とその子供たちの生活が、「ゐ中《田舎》の人々の御心《志》ざしのもの」に依存する度合はますます強化され、「たゞいかう《一向》ゐ中《田舎》の人々をこそたの《頼》みまいらせ候」(尼覚信房最後状案)という有様になった。つまり関東門侶から見放されては生活自体が破滅するというのである。しかし敷地も廟堂と同様に門弟の共有とすれば、同朋のある限りその財施によって廟堂を維持し、母子の生活を安定させることができる。そこで建治三年(一二七七)九月、覚信は敷地を「親鸞上人の田舎の御弟子達の御中へ」寄進するにいたったのである。もちろんそこでは廟堂が門弟の共有で、敷地が覚信の私有であれば、これを相続した子孫と門弟との間に争論を生ずる可能性のあることや、このまま覚恵に譲与できない事情が計算されていたと思われる。しかし寄進の本質は有限有形の土地を形式的に手放すことによって無限無形の財施や保護を実質的に獲得したものであって「門徒にもたれ」るという本願寺の特質はここに決定的となるのである。

覚信尼のこの寄進状は三回にわたって東国門弟に出されている。第一回は建治三年九月二十二日下総国猿島の常念坊《じょうねんぼう》に宛てたものであるが、この寄進状は伝わっていない。第二回は同年十一月七日常陸国布川の教念坊（新潟県高田市本誓寺祖）ならびに下野国高田の顕智坊（三重県一身田専修寺第三世）に預けられた。正文《しょうもん》は専修寺にある。その要点は、㈠親鸞は父であるから、昔のよしみで御墓所として永代寄進すること、㈡廟所をついだ尼の子孫が、同行の承認を得ないで、ほしいままに売却・質入その他の違乱をしたならば、訴えて罪科に行なわるべきこと、㈢御墓所は門弟達の心にかなったものに預けて雑務を処理させること、の三つである。そして最後に寄進状の本券は、代々の手継証文を添えて同行へ差し上げるところであるが、京都では境界争いなどもあるので、その際の明証とするため、尼の子孫で墓所をつぐものに預けておく旨を記している。第三回は弘安三年（一二八〇）十月二十五日付のもので、内容は右に準ずるが、覚恵とともに十五歳の一名丸（唯善）にも連署させて、諸国門徒とともに子孫にも徹底させたことを示している。この寄進状は下総国飯沼善性（新潟県高田市浄興寺祖）の子息智光坊ならびに善性同朋証信両人に渡され、土地関係の証文は、禅念譲状のみ案文《あんもん》（副本）をつくり、その裏に覚信が花押を書き表記の文言を確認して智光に託し、かつ添状を認めている。

このように寄進の趣旨は親鸞門弟の有力者を通じて門侶に周知させるよう度々努力がはらわれている。しかし、この寄進は敷地を永遠に墓所とし、門弟達に維持の責任があることを明らかにしたものにすぎない。「この御はか《墓》あいつぎ《相継》て候はんずるあま《尼》が子」といい、「かくしん《覚信》ご《期》のゝち《後》、このところ《此処》をあいつがん《相継》すゑ〳〵《末々》の人」といい、廟堂は実質的に覚信尼の手に握られ、その子孫に伝えられることを当然のこととしているのである。土地証文もそこに渡されるから、門弟達はその相続を認証するにすぎないのである。覚信尼の周到さを見るべきであろう。

廟堂留守職

廟堂と敷地が門徒の共有になっても、彼等の多くは東国の辺境に居住しているのであるから、廟堂を管理するものを常置させなければならない。これが廟堂の留守職である。『親鸞伝絵』の図で廟堂の庭前に鍵をもった僧形を画いているが、これが留守職であろう。

ところで留守職は門徒のなかから選任されるのではない。覚信尼の門弟中への寄進は、開発領主が権門社寺に庄園を寄進し、預所職を留保したようなもので（経済的には逆であるが）、留守職は我が手に確保したのである。これは既に見てきたように、亡父の墓守りをしたいという覚信尼の孝心によって説明し尽くされるものではない。彼女は子々孫々にこの収入の源泉である留守職という権利を譲りたかったのである。

果たせるかな弘安六年（一二八三）十一月、覚信尼は咽喉の病気にかかり、死期の近きことを知り、同月二十四日東国門弟中に留守職を長子覚恵に譲ることを告げた。「みはか《（御墓）》の御るす《（留守）》の事申つけらるゝ尼覚信房最後状案」の題銘で本願寺に伝存された譲状案がその内容を教えてくれるが、「大谷屋地手継所持目録」にはこれを弘雅阿闍梨《あじゃり》つまり唯善の執筆としている。このなかで覚信は「聖人の御墓の御沙汰」つまり留守職を専証房（覚恵）に申し置いたことを告げ、「たはたけ《（田畠）》もた《（持）》ず候へばゆづ《（譲）》りおく事も」ないが、尼が存命しようがしまいが、見捨てないでほしいと言っている。留守職であることによって得られる門徒の志が、生活を支える唯一のものであることが知られる。

もともと留守職の権限などと称し得るものもなかった。親鸞の諸子一族が覚信尼に一切を任せ、即生房の孫源伊《げんい》等が一時管領を主張したほか、留守職を競望するもののなかったことは、さしたる役得のないことを物語っている。しいて権能を規定すれば、第一には廟堂および敷地の管理権、従って居住権であり、第二には影堂開扉権ないし司鑰権《しやくけん》であった。前者は清掃・小修理などの雑役が伴うが供物があり、後者は開扉に際し参詣客から謝礼を受けるという余禄がある。大した額ではないだろうが、他に収入の道がなければ、やはり留守職を入手しなければならない。第三に惣門弟の代表権が挙げられる。関東の有力門弟は大谷一族を墓守りとしか考えなかったかもしれないが、覚恵や唯善は親鸞門弟の筆頭者という自覚をもって庶務をとりしきった。「別当分」と留守職が呼ばれたのはこのためである。しかし第二代留守職覚恵の譲状によると、彼は覚如に留守職を申し付けたと門弟に報じ、その被護を依頼したのに続いて、「かやうに申をき候はずとも、よも御らん（覧）じはな（放）たれ候はじとぞん（存）じ候へども」と述べている。つまりこの頃になると大谷廟堂護持が関東門弟達にとって当然のことと考えられ、廟堂の経済的基礎、従って留守職の生活が安定したことを示していると言える。唯善事件はこのような親鸞教団の安定期に、教団を二分して争わせたものであった。

2　大谷の紛争

覚恵と唯善

留守職第二代の覚恵は覚信と日野広綱との間に生まれた子である。七歳の時、父に死別し、日野光国の引導で青蓮院《しょうれんいん》尊助の門に入り、密教を修学し、中納言阿闍梨《あじゃり》宗恵と称した。やがて青蓮院を退出し、専証と号し、後に覚恵と改めた。彼は幼時親鸞の膝下にあったが、真宗信者ではなかった。遁世後は親鸞の孫如信《にょしん》と交際し、『親鸞聖人門侶交名牒』では如信門下の第一に記されている。

青蓮院を退出した覚恵は親鸞の住んでいた三条富小路の尋有僧都の善法坊に住し、ここで覚如が生まれた。この善法坊は親鸞の息男といわれる即生房の孫で、山門の堂僧であった源伊が相続していた。そして親鸞の帰洛のとき随従して晩年の世話をした下間《しもつま》蓮位房の子来善《らいぜん》は、即生房に下人として譲られ、その子孫は源伊に相伝されていたが、覚恵は金品を与えて買得し、さらにこれを孫存覚《ぞんかく》に譲った。これが後年本願寺家老下間一族となるわけである。そして覚恵は妻の中原氏の歿した文永九年頃から大谷に帰り母と同居した。小野宮禅念の廟堂建立と敷地譲与に覚信尼の力が働いたように、覚信の敷地寄進にはこの覚恵が少なからず動いていると見なければならない。彼の第二代留守職就任は、単に敷地の相続予定者たる一名丸（唯善）が幼少であったばかりでなく、敷地寄進の時、すでに織り込み済みであったのであろう。

唯善は小野宮禅念と覚信尼との間に生まれた覚恵の異父弟である。中院輔時の猶子《ゆうし》となり、成人して久我雅忠の子となった。仁和寺相応院の守助僧正の門弟で、しばらく山伏であったこともある。のち遁世して常陸河和田の唯円房に師事し、『門侶交名牒』でも唯円門下になっている。

この河和田で唯善は結婚して子息等ができてくると、生活が苦しくなったようである。覚恵は唯善一家の困窮を知り、河和田から京に呼んで同居させた。しかし大谷は二家族居住には狭かったので、唯善は禅日房良海に懇望して南隣の地を買うこととし、永仁四年（一二九六）夏、常陸奥郡の門徒が上洛して処理し、以後唯善はこの南殿に住んだ。この時、良海は沽却状の宛名につき問い合わせたところ、唯善宛を希望する門弟もあったが、覚恵は覚信尼の素志として門弟中とすべきことを主張し、ために唯善は顔色を変じ、立腹したという。しかし結局「彼遺弟御中」ということで押し切られてしまった（存覚一期記）。大谷廟地が実父禅念から唯善に譲らるべきものという考えが底流をなしていることは言うまでもない。

正安の院宣

即生房の孫で山僧源伊の舎弟に光昌なるものがあり、親鸞の遺跡である大谷は兄源伊が相伝すべきものであると主張した。もちろんこのことは成立しなかったが、唯善はこの機に乗じて大谷を管領しようとし、禅念の一子たることを述べ、永く相伝管領を全うせんがため、安堵の院宣《いんぜん》を請うた。これは大谷南地購入の五年後、正安三年（一三〇一）冬のことであるが、このとき鹿島門徒羽前長井の導信《どうしん》が『拾遺古徳伝』の撰述を覚如に依頼して滞京していた。そこで導信は唯善がすでに唯善宛の院宣を申しうけたことを探知し、覚恵に報告したのである。

そこで覚恵は参議六条有房（後宇多院院司）を訪ね、すべて唯善の虚構であることを説明し、長子覚如《かくによ》を東下させ、門徒中から資金を調達して大谷安堵《あんど》の院宣を得ようとした。六条有房は親鸞門弟は「一向在家下劣輩」であり、ここに宛てて院宣を発することに一旦は難色を示している。しかし覚恵は自分も唯善も門弟であると力説し、翌正安四年二月十日、「親鸞上人門弟等中」に宛てて、「尼覚信置文に任せ、門弟等沙汰、相違あるべからず」という院宣を獲得することができた。

この正安の院宣は常陸鹿島の順性《じゅんしょう》が保管することとなり、順性は喜んで「懈怠《けたい》なく安置し奉るべし」と言っている（但し現在は西本願寺の所有となっている）。そして同年四月八日、院宣を受領した関東門弟三十一名は、連署してこれを尊仰することを誓い、併せて覚恵の影堂留守職を再確認した。連署した門弟の多くは常陸在住で、なかでも鹿島門徒が多いが、これは鹿島門徒が摘発し、覚恵派の主力として活動したためと考えられる。

嘉元の禁制と大谷占拠

嘉元元年（一三〇三）九月、鎌倉幕府は一向衆と号し、群をなして諸国を横行する念仏者を禁制した。これを知った唯善は直ちに関東に下り、横曾根門徒の木針《きはり》の智信《ちしん》等に勧進して数百貫の資金を集め、幕府に運動して大要左のような安堵状を得たと宣伝した（存覚一期記）。

於テハ二親鸞上人門流ニ一者、非ズ二諸国横行之類ニ一、在家止住之土民等勤行《ゴンギョウ》之条、為シテレ国ト無クレ費、為シテレ人ト無シレ煩、不レ可カラレ混ズ二彼等ニ一之由、唯善為シテ二彼遺跡ト一所レ申ス非ザルレ無キニ二其ノ謂《イワレ》一之間、所レ被ルル二免許セ一如シレ件《クダン》ノ

嘉元元年　月　日

加賀守三善判

つまり親鸞門流は在家止住の土民で、諸国遊行の一向衆とは異なるという唯善の申し立てが認められ、真宗布教が免許されたのである。存覚はこの文書に執権・連署の両判がなく、政所下すと号すとして疑いを抱いている。辻善之助博士もまた幕府下知状なら両判を具《ともな》うべきであるし、三善なら問注所であるが、当時問注所に加賀守三善なるものはいない。三善氏は太田氏で、当時は信濃守時連であり、従ってこの下知状は偽作であると断定している。

しかし唯善のねらいは幕府の免許を得て真宗の弘通をはかることにあるのではない。彼は翌二年十二月、高田の顕智にこの下知状の案文を示し、「一向専修念仏滅亡に及ぶの間、唯善いやしくも親鸞上人の遺跡たるにより、且は祖師の本意を興さんがため、且は門流の邪正を紕《ただ》さんがため、子細を申し披」いたと報じている（専修寺文書）。このように彼が「親鸞上人之遺跡」であること、専修念仏のため奔走したこと、ならびに幕府公権がこれを確認していることを門下に周知させることにあったのである。幕府の下知は事実でなくても差し支えないのである。このように横曾根門徒等を背景に唯善が大谷相続の準備を進めているとき、留守職覚恵は病床に臥していた。そして徳治元年（嘉元四年）、唯善は影堂の鍵の譲与を要求し、ついに覚恵は内室播磨局の父教仏の住所に転居し、翌年ここに歿したのである。

しかるに、さきに正安の院宣問題の生じたとき、病中の覚恵は唯善対策に奔走した長子覚如に留守職譲状を与え、これを門徒中に知らせた。正安四年五月二十二日のことである。このとき門弟中に宛てた書状案の奥には、嘉元四年十一月二日、再び覚恵の署判が加えられている。これは覚恵が大谷退出に際し、覚如への留守職譲渡を再確認し、唯善に譲る意志のないことを決定的に示したものである。そこで分割を許されない留守職をめぐる争いは、覚恵の死によって、影堂を占拠した唯善と譲状・証文を帯する覚如の妥協なき泥試合へと発展するのである。

廟堂管理の宿願を果たした唯善は、覚恵のいた北殿に山僧を置いて守らせた。大谷廟堂は青蓮院兼帯妙香院門跡の別院たる法楽寺（大谷寺）の敷地内にあるから山門の末流である。山僧の立ち入りも不思議ではないが、これは唯善派以外の門徒を廟所から締め出す暴挙である。一方奥州野辺の了専等は覚如の悲境を見て奥州に伴い、覚如は東国門弟を説いて味方にすることができた。そこで徳治三年（一三〇八）常陸鹿島の順性、下野高田の顕智、三河和田の信寂《しんじゃく》らは、それぞれ浄信・善智・寂静等を使者として上京させ、大谷の平和回復に乗り出してきた。

覚如はまず検非違使庁から大谷安堵の別当宣を手に入れ、さらに伏見院の院宣を賜わった。唯善は青蓮院に訴え、このため法楽寺敷地は青蓮院の沙汰とする院宣が下され、これにもとづき青蓮院門跡（慈深）は覚如に抗議し、院宣・別当宣を仰ぐのは存外のことで、青蓮院（妙香院）の決裁を請うべきであると申し渡した。こうして翌延慶二年七月、両者は門跡に参候して対決し、同十七日門跡は覚信寄進状・別当宣・院宣の旨に任せ、影像・遺像を運び出した唯善を非とし、覚如および門弟中勝訴の判決を下したのである。

影像と遺骨

青蓮院での対決で唯善は不利を悟ったのであろうか、ひそかに如信作という親鸞影像と遺骨を隠してしまった。さらに敗訴の日には影堂の金物や石塔を破却し、関東に逃げ出していた。影像と遺骨は唯善によって鎌倉の常葉《ときわ》（常盤）に安置され、諸人ここに群集した（存覚一期記）。常葉は鎌倉の西、大仏切通を越えたところにあり、『新編相模風土記稿』に、この地に一向堂という地字があり、「僧唯善草庵跡。村東山麓にあり。今陸田を開く」と記している。後年蓮如が目の汚れとして笠を傾けて通りすぎたという所である。

唯善が常盤から総州関宿に移って西光院を建ててのち、「常葉御影《ごえい》」はそのままで、本願寺へも返されなかった。覚如と御影を守る東国門弟との係争が生じたためである。遷座ののち二十八年、暦応元年（一三三八）に高田専修寺第四世専空《せんくう》と覚如との間に「御影返座」が実現されそうになったが、やはり不調に終わった。この真影は戦国時代に散逸して鎌倉郡長沼村の正安寺にあったが、寛永年間東派二世宣如《せんにょ》が江戸に下る途中、下倉田村永勝寺に泊まってこのことを聞き、幕府に請うて東本願寺に納めさせたという（新編相模風土記稿）。「根本御影」がこれで、東本願寺はこの所伝をもって西本願寺の「性本御影」「生身之御影」に対抗したものであろう。

ちなみに唯善の西光院はのち越後に転じて常敬寺と改めたが、住職善栄は本願寺からまたまた真影を盗み、追手が迫ると像首だけ持って逃げたという伝説がある（佐々木月樵著『親鸞上人伝』）。善如は仏師に首を造らせたが、新古不相応なので、親鸞遺骨を砕き漆に混ぜて塗ったとも、御明体（胴体）の中へ遺骨を入れたとも言う。生身御影とか骨肉御影とか称せられるものがこれである。これまた伝説を以て荘厳化がはかられており、この点東・西両本願寺は全く揆を一にしていると言える。

このように影像は門弟達が造ったものであるが、一旦それが「御真影《ごしんね》さま」となると、影像あっての教団となる。影像を失った大谷廟堂は延慶二年（一三〇九）七月二十六日の青蓮院の指令により、高田の顕智等が努力して影像・遺骨を安置し復旧した。翌三年七月顕智が八十五歳でなくなると、奥州安積《あさか》の法智《ほっち》が中心となって堂舎・庵室を造営し、応長元年（一三一一）十一月二十八日、東国門徒も多く上洛して御正忌を修することができた（本願寺文書「青蓮院下知状案」）。

3　本願寺の成立

覚如と門弟

覚恵＝覚如と唯善との争いは、単なる廟地の相続争いではない。覚如等は覚信尼の素意により、廟堂も敷地も門弟中の惣有であり、門弟の心にかなったものが留守職たるべきものとして、唯善の「自専」を退けたのである。青蓮院門跡の判決文でも、大谷は門弟等の進止すべきものと明記している。従って覚如等の勝訴は直ちに覚恵の譲状のように覚如が留守職に就任することを意味しない。門弟の留守職与奪の権限は宮廷・検非違使庁・青蓮院に確認されてより強化された。また覚如は莫大な訴訟費用や、廟堂再興の費用を門徒に負担させたのであるから、著しく弱い立場に置かれたことになる。しかも門弟達にとって唯善事件という大谷一族の内輪もめは迷惑至極のことであり、親鸞の血縁者に対し廟堂管理や徳義心につき不信の念がもたれたのも止む

のうち鹿島門徒・安積門徒は正安の院宣以来覚如派で、高田と和田の門徒団が覚如の留守職就任の承諾を渋り、懇望状の提出を求め、これによって覚如襲職につき全門徒の了解をとりつけようとしたものと言える。

懇望状は十二条の篇目よりなり、要旨は左のようなことである。

1　毎日の御影堂の勤行を怠らないこと。
2　尼覚信の建治・弘安寄進状に背かぬこと。
3　御門弟御意に背き、影堂敷内を追い出されても、一言の子細も申さぬこと。
4　御門弟等に院宣・庁裁・本所御成敗を賜わった以上、留守職たりとも子細を言わぬこと。
5　今後本所の成敗に任せ御門弟等の処置に背かないこと。
6　個人的借金を御門弟に負担させないこと。
7　聖人御門弟等は、田夫野人でも、祖師の遺誡に任せ、軽蔑・過言をしないこと。
8　留守職を申しつけられても、これを我物と思わないこと。
9　御門弟御中からの書状を証拠として、御門弟中にかれこれ言わないこと。
10　影堂敷地内に好色傾城《けいせい》等を招き入れ、酒宴をしてはならない。主催者が自分でも他人でもいけない。

11　御門弟の免許を得ず、度々諸国に下り募金をして、御門弟をだましてはならない。

12　諸国御門弟に対し、忠誠を尽くしていると自分で吹聴してはいけない。以前の条々を一事でも御門弟の御計らいに背き、不調不善をなし、尼覚信寄進状・勅裁・庁裁・本所の下知に背けば、直ちに影堂敷内を追い出さるべきものである。唯善が影堂敷地や坊舎を質に入れ、門弟の書状を拾い、これを証拠にとかく申したので、覚如もかかることをしないかと御門徒が危惧されるからこの状を出すものである。この状を出しながら、後日かれこれ言うならば、この状を証拠に朝廷・幕府に訴えて、遠流の重科に処せらるべきである。もし偽り申すならば、三朝浄土高祖別して祖師聖人の冥罰を蒙るものである。云々

懇望状というが、これは起請文《きしようもん》であり、門弟の要求を全面的に容《い》れ、唯善の轍《てつ》を踏まないことを誓ったものである。しかも懇望状を提出しても、なお覚如の留守職就任と大谷居住は東国門徒の承認するところとならなかった。多数が依然覚如を信任しなかったからである。

そこで覚如は別に一寺を造立して生涯を終えることを考え、長子存覚に勧進状を起草させ、延慶三年正月東国に下った。この時、影堂相続のことや若狭・伊賀久多庄のこと等を記した譲状を存覚に与えたという。ところが東国下向で門徒との間に諒解が成立し、この秋帰洛、留守職となって大谷に入った。高田顕智はこの年七月なくなっていたから、岩代安積の法智、常陸鹿島の順慶《じゅんけい》の斡旋《あっせん》によるものである。ただし門徒は文書を留守職が所持するから唯善事件のようなことが起こると主張し、ことごとく門弟中に引き渡すことを要求した。覚如は一応拒否したが、応じなければ大谷居住がなりがたいというので、留守職相承の券契、覚信尼寄進状を提供して事件は落着した。今本願寺にそれらの案文のみあって正文のないのはこのためである。

覚如の論理

親鸞が日野有範の子であるということは古くから本願寺で信ぜられ、今日でも多くの学者が少なくとも日野家の出であると考えている。しかし辻善之助博士は『本願寺系図』の虚構を指摘し、親鸞の系譜は明らかでなく、日野氏に結びつけたのは覚如であるとした。ところが覚如自身は父系において日野家の血をひいていることは確かである。彼の滅後まもなく作られた伝記である『慕帰絵詞』『最須敬重絵詞』や『尊卑分脈』などが明示している。覚如は門閥を利用し、母系の祖先親鸞を父系の日野流に結びつけ、時代もさだかならぬ有範をその父として系図を作ったとも言える。もしそうであるならば覚如の門閥意識は相当強固であったと言わねばならぬ。

覚如が門弟中に呈した懇望状は、覚信寄進状の当然の論理的帰結であって、誓約事項もまた門徒一般の危惧と要望を表現するものである。しかし貴族意識をもつ覚如からすれば、田夫野人たる関東門弟に押しつけられた屈辱的条件であって、経済的事情から承知したものの、堪えられない気持ちであったと察せられる。まして覚信寄進状の論理は、廟堂を門弟の共有として永遠性を期待するが、留守職を末永く自己の子孫に相続させることを前提としている。門弟の覚如不信任は、存覚ならば差支えないという気持ちかもしれないが、やはり覚如にとっては、自己の代になって門徒から信任されなかったり、条件づきで留守職に任命されたりすることは承服できなかったであろう。留守職は日野家より出た親鸞の子孫であり、惣門弟の筆頭者である。ここから覚如は廟堂を中心とする教団体制を確立し、数千の門徒を総理しようと志向するに至った。この覚如の論理もまた覚信寄進状の帰結であって、本願寺の成立の論理はここにあるのである。彼は覚信寄進状の翌日である弘安三年十月二十六日付で「覚信置文」を偽作し、留守職は末の世まで子孫が他の妨げなく相続すべきものとして、その

善信上人絵　覚如作（重文・西本願寺蔵）

論理の根拠としている。

教団を主宰しようとする覚如の企図は早くからあったようである。彼は十三歳で山門の碩学宗澄に天台を学び、翌年三井寺の浄珍に、さらに興福寺一乗院門主信昭についたが、弘安十年（一二八七）十八歳で奥州大網如信に、翌年常陸河和田の唯円にあっている。その後父覚恵とともに東国の宗祖遺跡を巡遊している。

正応五年（一二九二）東国から帰京してからは、阿日房彰空から浄土宗西山派を、慈光寺勝縁から幸西の一念義を、禅日房良海から長楽寺流を、自性房了然から三論の教義を学んだといわれる。しかもこの間『報恩講式』をつくり、ついで永仁三年（一二九五）に『善信上人《ぜんしんしょうにん》絵《え》』を著わし、正安三年（一三〇一）『拾遺古徳伝』九巻を鹿島門徒の羽前長井の導信の請によってつくっている。これは浄土門流における宗祖親鸞の地位を明らかにし、祖徳を顕彰し、大谷ならびに門末の祖忌の儀式を整備したもので、大谷廟堂の宗廟化を目指すものと思われる。

西本願寺に秘蔵される親鸞の寿像『鏡御影《かがみのごえい》』の巻留の奥書は覚如自筆で、それによると延慶三年十一月二十八日以前に、この寿像が修補され、供養を遂げたことが知られる。この年のこの月この日は、覚如が東国門徒の諒解を得、大谷に入って留守職に就任し、はじめて迎える祖師の命日である。この時「末代無双重宝」としてこれを修理したことは、本廟興隆を志向してひそかに決意を抱いたものといえる。またその奥書には、それが翌応長元年五月九日、越前で大町如導に『教行信証』を講談したときに書かれたとしている。つまり覚如は存覚とともにこの影像を奉じて越前に下り、真宗の根本聖典である『教行信証』を伝授したのである。それは単なる留守職の職分とは考えられない。むしろ親鸞の正統なる後継者であり、教団の統領たることを強く意識して、門下に臨んだものと解せられる。こうして覚如は本願寺教団形成への第一歩を北陸の沃野《よくや》に向かって勇ましく踏み出したのである。

本願寺の創始

大谷廟堂が墓所より一宗の本寺となるためには、妙香院門跡支配の山門の末流であっても、寺号を持たねばならない。そこで正和元年（一三一二）の夏、安積の法智の発起により大谷に「専修寺」の額を掲げるにいたった。執筆者は勘解由小路経尹《（世尊寺）》（法名寂尹）である。法智は覚如の股肱《ここう》として、正安の院宣問題、覚如の大谷帰住と留守職就任、大谷堂舎再建に力を尽くした人物で、この掲額は堂舎落成の結果である。

しかしこの年の秋、山門は事書《ことがき》（決議文）を大谷に送り、一向専修は往古停廃されているところであるから、「専修寺」の寺号を不可とし、破却すると言ってきた。日野家の縁をたよっての諒解工作も成らずついにこれは撤去してしまった。この寺額は後日法智がもらい受けて自分の寺に打ちつけている。高田専修寺や大町専修寺のように真宗の由緒ある古刹が専修寺号を用いるのは、このような事情からであろう。

「本願寺」の寺号はこののち間もなく用いられたようである。山門は寺号を改めることを要求し、寺号公称には反対していないからで、法然の墓所が知恩院と称したものもこの頃からである。文献の上ではじめて「本願寺」の出現するのは元亨元年（一三二一）の「親鸞聖人門弟等申状案」（覚如自筆）と「妙香院僧正挙状案」である。この後、覚如が嘉暦元年（一三二六）に著わした『執持鈔《しゅうじしょう》』では親鸞を「本願寺聖人」と呼び、元弘三年（一三三三）六月十六日護良《もりなが》親王令旨《りょうじ》では本願寺と久遠寺《くおんじ》を御祈禱所としている。この久遠寺とは本願寺の「かよひどころ」で現在の京都市の西山別院である。

ところが、この廟堂の発展した本願寺は、建武三年（延元元年・一三三六）兵火によって炎上した。足利尊氏が九州より東上し、京都が戦乱の巷《ちまた》となったためである。覚如はこのとき数十人を連れて近江瓜生《うりう》津《づ》に疎開し、その不在中の出来事であった。そこで翌々年暦応元年十一月、高田の専空《せんくう》が他所から古い堂舎を三十六貫で買得し、和田の寂静も上洛して、これを大谷に移建した。当時米一石が一貫文位であるから、後年の本願寺からは想像もつかぬささやかな御堂である。しかしそれは他から買ったものであるから、普通の御堂であったと思われる。つまり創建当初の六角の墓所は今や一般寺院と同様となったのである。

およそ祖師の墳墓が寺院に発展することは、当時の一般的傾向で怪しむに足りない。知恩院・身《み》延《のぶ》久遠寺・池上本門寺など皆しかりである。しかし本願寺の場合は、寺院化によって一宗の本寺となり、血統相続の寺主が門末に臨むことになる。従って東国門弟は「御墓所」の伝統を重んじ、保守的態度で覚如と対抗した。このため関東から上洛参拝する門徒も少なくなり、覚如は甚しく経済的に困窮したようである。正和三年（一三一四）の暮には年越の費もなく、十二月二十八日は法智が灯明料五百疋（五貫文）を送ってくれたので、形のごとく越年し、覚如夫婦と存覚・従覚の四人の衣食にあてることができた。またこの月の二十五日、覚如は御影堂の管領を存覚に譲り、存覚に絹一疋用途百疋を与えている。このことは秋ごろからしばしば言っていたが、存覚が固辞したため実現しなかった。このたびも辞退したので覚如は怒って自分

(左）親鸞筆　六字名号　(右）覚如筆　十字名号
(ともに西本願寺蔵)

は当寺を退くが、お前は聖跡を牛馬の蹄にかける気か、勝手にせよと言ったので、やむなく承諾したものである。この押しつけ譲渡は覚如が本願寺の確立のため連々所労であるという理由からなされたが、むしろそれは門徒工作と生計困難に疲れ果てて、門弟達に受けのよい存覚を正面に立て、自らは「院政」的行き方をとろうとしたのではあるまいか。この八年後に存覚は勘当されているのである。

さらに寺院に本尊の安置されるのは当然であるが、この点でも覚如は門弟の反対にあって阿弥陀木像を御堂の中心に置くことはできなかった。しかしもとより素志を変えたわけではない。本願寺に蔵する覚如筆の「十字名号」（帰命尽十方无㝵《無碍》光如来）がこの時期の本願寺の本尊であると言われている（七九頁の写真参照）。

三代伝持の血脈説

本願寺が門徒の上に本寺として臨むには、留守職もまた宗主ないし住持とならねばならない。そこで覚如は暦応二年（一三三九）の自筆置文では「本願寺御留守」と書いて「別当職事也」と注している。つまり留守職は別当職へと発展したのである。しかし留守職は宗祖親鸞の正統とは言えない。それは覚信尼寄進の財産の管理権を継承するにすぎないのである。しかも親鸞には七人の子女があり、覚信尼は末女である。

男系相続の封建社会では、いかに留守職の権限を拡大解釈しようとも、末女の子孫が嫡統と称することはできない。覚如は親鸞の傍系にすぎないのである。そこで覚如はいわゆる三代伝持の血脈を強く主張し、教団における自己の地位を正当化する理論的根拠としたのである。

ここに三代というのは法然・親鸞・如信のことで浄土の門流がこの三代に正しく受け継がれたというのが三代伝持説である。しかも覚如はこの三代をそれぞれ曾祖師・祖師・先師と呼んでいるから、三代伝持の法統はまさしく覚如に伝えられたと主張しているのである。血脈というのは血統のことではなく、法統のことである。天台でも真言でも師資相承の法流を、家父長権相続に擬してか、血脈と称するのであるが、真宗の場合も例外ではない。覚恵が覚如に留守職を譲与する時にも「弟子たるによりて覚如房に渡之」と譲状に記している。しかし覚如にあっては留守職相承という財産権の血統相続の優位性を法統の正しさに転化させようとしたものであるから、血脈は純粋な法統でもなく、また血統でもない。両者の統合されたものである。

この伝持説で親鸞の法統が如信に伝えられたとしているのは、善鸞が義絶されたからである。従って覚如は武家社会の相続制度である惣領制を宗門の相承に反映させ、嫡孫如信への惣領職譲与を想定していると言える。またこの場合、実父覚恵を法統の継承者とするには、真仏・顕智・唯円等高弟先徳をも法門伝授者とみなす必要があるから、傍系子孫たる留守職三代は、数多の真宗の先徳とともに切り捨てられ、如信よりただちに覚如へという伝授のコースが決定されることになる。真宗門徒の崇拝人物が、三朝伝来の七祖と太子・親鸞・如信（本願寺歴代）に限定されるのは、ここから始まるのである。ことに伝持説は何が伝持されたかを具体的に明らかにしないで、法脈相承を主張するもので、親鸞↓如信↓覚如と法門が伝授されたのではなく、逆に覚如と親鸞を正しく結びつけるため、如信が引き出されたとも考えられる。しかしさらに考えれば、如信の登場は、嫡男相続の観念以外にも、覚如の本願寺に重要な意味を持っていたことが知られる。

如信と覚如

三代伝持説の初見は覚如（六十二歳）が元弘元年門弟乗専《じょうせん》のために著わした『口伝《くでん》鈔《しょう》』である。本書は冒頭に「本願寺親鸞聖人如信上人に対しまして、おり〳〵の御物語の条々」と記し、末尾の識語に、如信の「面授口決《めんじゅくけつ》之専心専修別発願」を談話するついでに、伝持せる「祖師聖人之御己証」を口述したとしている。これは「わがきゝたる法文こそまことにてはあれ、ひごろの念仏はみないたづらごと」として自己の優位を主張した善鸞の論理と多分に共通性をもっている。それは中世文化によく見られる「秘伝口授」で、善鸞・如信を導入して法脈の正統を主張することは三門徒派にも見受けられる。越前嵩《だけ》の松樹院に蔵する『心血脈《しんけちみやく》』も親鸞が如信一人のために書きのこす旨が巻頭に記されている。この「唯授一人口訣」によって「親鸞位」に登り法脈を相承することは、後世本願寺から「秘事法門《ひじぼうもん》」として激しく論難せられたが、それは本願寺以外のものが法統を継ぐから非とせられたにすぎず、本願寺自身、覚如の唱導する「秘授口伝《ひじゅくでん》」によって存在を正当づけているのである。

　およそ如信が祖父親鸞と同居していたのはせいぜい十九歳か二十歳ぐらいまでで、以後父善鸞とともに東国に下向している。これ以前に親鸞が「面授口決」をする必要はなく、以後は善鸞が勘当されたから、若い如信のみに法門を伝授したとは考えられない。弟子一人も持たずといった親鸞には、法門伝授ということさえナンセンスであろう。如信が親鸞の葬儀に参列しなかったのも義絶当時では当然のことである。親鸞の死後は大谷との親類づきあいはあったようで、「びわ女預状」（本願寺文書）は彼が建治三年（一二七七）十一月親鸞正忌のころ上洛し、叔母覚信尼から「びわ」という十六歳の下人を借用したことを示している。借用の条件は請求のあり次第いつでも返すというのであるから、そこには勘当された嫡子の忰《せがれ》の物持ちの叔母に対する関係はあっても、第三世宗主の英姿を認めることはできない。

また覚如は正応三年（一二九〇）に相模余綾《ゆるぎ》山中で善鸞・如信父子に対面したことを重く評価し、翌年如信寿像に銘文を書いている。ところがこのとき善鸞は病気の覚如に呪符の紙片を飲ませようとし、覚如は断わりきれず、飲むふりをして護符を手中にすべりこませたと言っている。この護符を覚如に手渡し、飲むようにすすめたのがほかならぬ如信であり、少なくとも如信にあっては、宗祖親鸞の俗習・迷信に対する態度は理解し継承されてはいないのである。五天良空は『高田正統伝』で如信は親鸞に対面なくして終わったもので、宗義は顕智から受けたといっている。『門侶交名牒』には覚恵も覚如も如信の弟子となっているが、その成立は覚如の三代伝持説高唱の時期にあると見られるので、本願寺側の主張の反映と見ないわけにはいかない。ただ覚恵や覚如は他の人々と同様親鸞の嫡孫として教団の長老如信を重く評価していたことはたしかである。

ところで覚如が如信との交際を三代伝持の血脈相承にまで高めたのは元弘元年の『口伝鈔』であるが、その少し先の嘉暦元年（一三二六）、飛騨の願智房永承（八尾聞《やつおもん》名寺《みようじ》祖）のため著わした『執持鈔《しゆうじしよう》』では「本願寺聖人仰云」とあるのみである。すなわち三代伝持説は元弘元年頃から覚如の発想したものなのである。そこで当時の覚如の立場を見ると、彼の本願寺中心主義は東国門弟の離叛に加えて、高田系の了源《りょうげん》の仏光寺教団の隆盛及びそれとの対立、了源と結んだ長子存覚の義絶という事態を招き、破局に直面していたことが知られる。『口伝鈔』におくれること六年、建武四年に覚如は『改邪鈔《がいじゃしょう》』を著わし、近ごろ親鸞門徒と称するもののうち、師伝に非ざる「今案自義」を構えるものがあるとし、仏光寺の御家芸である「名帳《みょうちょう》」「絵系図《えけいず》」や「裳無衣《もなごろも》」を攻撃し、「至極末弟の建立の草堂を称して本所とし」、「御本廟本願寺をば参詣すべからずと諸人に障礙《しょうげ》せしむる」ことを激しく非難している。「至極の末弟」とは了源で、「草堂」とは仏光寺を指し、多くの寺院が仏光寺を本所と仰ぎ、仏光寺また親鸞廟堂を設けて門末に参詣させようとしたことが、本願寺の貧しさと比べられて覚如の憤激となったものであろう。そしてこの『改邪鈔』では「祖師本願寺聖人（親鸞）面二―授―口―決于先師大網如信法師一之正旨」を述べたとされ、伝持の血脈とくに大網如信の役割が強化されるのである。

　このように仏光寺敵視と伝持説とは正比例しているが、覚如と大網門徒との結びつきをさらに具体的に示すものは、仏光寺参詣を禁止した六ヵ条の禁制である。

一　祖師御一流に於て、名帳という事これ無きこと

一　同じく御在世の時、絵系図という事これ無きこと
一　遠国の御直弟京都の外御本寺これ無きこと
一　祖師御名字の字これを付くべからざること
一　何阿弥陀仏これを付くべからざること
一　裳無衣・黒袈裟これを用うべからざること
この六ケ条堅く相守らるべし、故に今比叡空性房私に自義を構う、彼方へ経廻あるべからざるの由也（文字失念取意抄出）
康永三年十一月七日
釈覚如　御判
釈空如　御判

この仏光寺教団に対する果たし状で、覚如とともに署判している空如《くうによ》は如信の孫で、大網願入寺住持である。親鸞の想到しなかった本願寺の創始と、これを頂点とする真宗教団の形成という大願を発した覚如が、祖師の正旨を振りかざして仏光寺に立ち向かったとき、大網門徒はその協力者となっているのである。思うに善鸞の義絶は横曾根・高田等の門徒団に親鸞が軍配をあげたということで、善鸞の門末は消滅したわけではない。覚如が現認したように、善鸞大徳は親鸞の名号を胸にかけ、大殿（北

条貞時？）に従う二、三百騎のなかにいた。一方覚如は唯善事件で河和田唯円や木針智信等多くの関東門弟を「唯善与同」（門侶交名牒）として失い、さらに本願寺中心主義によって高田・和田等有力門徒団から見放され、しかも日増しに拡大する仏光寺と対抗せねばならなかった。そこで善鸞以来関東教団の主流派と対抗してきた、そして何よりも真宗宗祖の嫡統として重きをなす大網如信の一門と提携を強化したものであろう。さきに正和元年（一三一二）如信の十三回忌には覚如は奥州に下り、金沢《かねさわ》の道場や大網に詣り仏事を修したが、さらに三十三回忌の元弘二年（一三三二）にも東国に下って法会を営んだ。このとき参集して覚如に忠誠を誓った関東門侶が「二十四輩」であるという。この年大網空如が執筆した『二十四輩牒』も伝存している。こうした大網と大谷の結盟が本願寺教団誕生の基礎であり、その指導理念が三代伝持の血脈相承説であったわけである。

ちなみに大網如信の願入寺《がんにゆうじ》は浄如・空如・如善・空円・純如・源如と血脈を伝え、如慶（八世）のとき兵火に遭い常陸大根田《おおねだ》に移り、如正（十二世）のとき同国久米村に転じた。如高（十五世）にいたり、排仏崇儒の名君徳川光圀《みつくに》は由緒を重んじて鹿島郡岩船に移建し、寺領三百石、その他の保護を与えた。現在は本願寺から分離独立しているが、血統を重く評価すれば、これこそ真正なる浄土真宗の大本山たるべきものであった。

存覚義絶

覚如はこのように親鸞を再生産して本願寺教団を形成した。「人師」たることを望まず、親の孝養のために念仏したこともない親鸞の教えは、系図の偽作・説話の創造をも辞さない誇り高き外曾孫によって正しく継承された。それは結果として親鸞の考えたこともないほどの多数の人々を教化し、物質的にも精神的にも幸福を与えたのである。覚如はまさしく祖師親鸞への「追孝」を全くしたのであった。しかしそこでは大谷家の今一つの不幸をさけることはできなかった。親鸞が嫡子善鸞を義絶して信心を守ったように、覚如は長子存覚を義絶して本願寺中心の信念を堅持したのである。そして覚如は善鸞の子孫と握手し、親鸞の法脈をその手から受けとることになった。運命は皮肉なものである。

この存覚義絶について梅原隆章氏は、覚如が北朝方、存覚が南朝のスパイとなり、父子合意の偽装的義絶ではないかと考えられた。面白い着想ではあるが、事実過程はしかく解釈できない面もあると思う。むしろこの南北朝・室町時代は、皇室より公家・武家にいたるまで御家騒動が頻発した時期であって、本願寺もまた例外ではなかつたと考えられる。

存覚の母播磨局が応長元年（一三一一）閏《うるう》六月に歿すると、覚如は今出川上臈《いまでがわのじょうろう》としばし同棲し、十月に御領殿《ごりょうどの》を室に入れたが、六年後離別し、革島庄地頭革島氏あるいは上久世庄公文真板氏の親戚である善照房を内室とした。覚如と存覚との不和はこの頃から始まったようである。存覚は覚如のような本願寺中心主義を固執しなかったし、覚如が大谷管領を存覚に任せ、正和三年（一三一四）大谷を去ってからは、門弟も存覚を通じて大谷に結びつく傾向もできてきた。空性房了源（仏光寺）などはその典型である。

こうしたことのためか、二年ばかり父子の口論が絶えず、ついに元亨二年（一三二二）存覚（三十三歳）は勘当されて大谷を退出した。そこで義父の瓜生津愚咄《ぐとつ》の所に身を寄せ、翌年関東・奥州を廻って門弟の斡旋を請い、山科興正寺（仏光寺）に寄寓した。このとき入洛した鹿島信海《しんかい》ら四十余名は連署して宥免を願ったが、連署状は覚如に見せないうちに世上の乱で焼失してしまった。このとき存覚は了源のため『浄土真要鈔』『諸神本懐集』『持名鈔《じみょうしょう》』『女人往生聞書《にょにんおうじょうききがき》』などを著わしている。こうした行動が、覚如に本願寺を脅かし、門弟等と共謀して留守職をねらうものと誤解されたのであろう。

覚如は妙香院に請うて正中元年（一三二四）存覚の留守職競望《けいもう》と門徒の支持を禁ずる門主（慈慶）下知状を得た。これは覚信尼置文には留守職の血統相伝のことがあるから、門弟等はほしいままに進退できないとしたものであるが、この弘安三年十月二十六日の覚信尼置文こそは覚如の偽作したものであった。さらに後醍醐天皇が隠岐より京都に帰った元弘三年には、護良親王の令旨まで獲得して留守職安堵をはかっている。門弟等もまた同三年青蓮院門跡（慈道）に請うて影堂および敷地は門弟の進止するべき令旨を得ている。そこで覚如も対抗して翌建武元年同門跡の留守職安堵状を入手するなど、存覚の意図いかんにかかわらず、両者の攻防は続いた。覚如が関東に下って如信の三十三回忌の法会を盛大に営み、二十四輩に連署して忠誠を誓わせたというのもこのころのことである。

しかし延元元年の兵火によって大谷影堂も焼失し、他方存覚は同三年備後国府で日蓮宗徒と討論してこれを論破し、大いに真宗を興した。そこで瓜生津愚咄の懇望で、暦応元年（一三三八）覚如は存覚の義絶を解いたのである。元亨二年以来十六年を経ていた。ただし存覚に対する怒りが氷解したわけではなく、翌二年の覚如置文では、覚如の死後は善照房、その死後は慈俊（従覚《じゅうかく》）、その後は光養丸に留守職を譲るべきものとしている。存覚は不義不孝を重ね、覚如が死ねば大谷に押し入ることを謀議したというので除外されたのである。

この和解後四年、康永元年（一三四二）覚如は再び存覚を義絶し、十二月妙香院門跡から留守職安堵の令旨を得た。しかし貞和五年（一三四九）五月善照尼が歿し、仏光寺了源はもちろん、その子源鸞《げんらん》（親鸞の名字を勝手に用いたと六箇条禁制で非難された人物）も二年前になくなっていた。そこで日野時光や三河門徒等が斡旋に乗り出し、翌年八月九日父子面会があって和解が成立した。時に覚如八十一歳、存覚も六十一歳で、和解の条件は「寺務職之望」を絶つことであった。この報に摂津・大和の門徒は歓呼のあまり存覚の住む六条大宮に参集したという。

こうして存覚は半生にわたる勘当を許され河内大枝に住したが、この勘当は一面本願寺の利益となったことを忘れてはならない。覚如が多くの関東門徒の反感を買い、仏光寺また本願寺を凌いで繁栄しているとき、勘当された存覚がこれら門末と連絡があったことは真宗教団の分裂を防ぎ、門徒の連帯意識を維持したものと言わねばならない。しかも存覚は寺務より解放され、多くの著述と直接伝道によって大和・近江・北陸・西国に新しい門末を多数教団に迎え入れることができた。それは多くは仏光寺・錦織寺の門流に属するものではあったが、のちそれらが雪崩《なだれ》を打って本願寺門下に入ってきたことも否定できない。こののち文和二年（一三五三）乗専《じょうせん》らの斡旋により、六条大宮の住坊を大谷の今小路に移した。これが常楽台で、本願寺と緊密に提携しつつ真宗の発展に大きな役割を果したものである。

第三章　真宗教団の発展

1　本願寺の整備

本願寺の漸次的発展

覚如の本願寺創始から蓮如の出世にいたる間は、本願寺の欠史時代であるとともに、かつては暗黒時代と称せられた。しかし現在では、親鸞より覚如にいたるまでに真宗が逐次弘通してきたと同様に、覚如以後は本願寺の漸次的発展がなされた時代であると考えられている。蓮如は本願寺中興の宗主というよりも本願寺教団の完成者であり、蓮如以前の時代には、その飛躍的発展の素地が静かに周到に築かれていたといえる。

さて親鸞直弟ないしその後継者は、それぞれ「一方之棟梁」（六要鈔、大野本、存覚裏書）として小教団を率い、惣門弟の有力者として大谷本廟の進止権と留守職補任権を持つと考えていた。したがって覚如に始まる本願寺教団は、真宗原始教団の鬼子的存在であった。しかし覚如以後の住持は東国門徒との対立を避け、協調的態度で臨んだ。覚如の作った既成事実、本願寺の本廟的性格と貴族的優越性、ならびに親鸞の血統・法統の承継や京都の高度の文化的環境などの利点から門下掌握に努めたのである。

覚如の死により次子従覚の子善如が十九歳で本願寺住持となった。存覚の問題ひいては門弟への配慮があったためで、存覚・従覚が補佐にあたった。善如の代に注目されることは本願寺が勅願所となっていることで、『柳原家記録』（大日本史料六ノ二一）には次のような後光厳天皇綸旨を載せている。

東山本願寺勅願寺として、方《まさ》に無弐の丹誠を凝らさしめ、宜しく四海安全を祈り奉るべし、者《てえれば》、天気此《かく》の如し、仍《よっ》て執達件《くだん》の如し

延文二年七月五日　　左中弁判

謹上　大納言法印御房

左中弁は日野時光で、大納言法印は善如であろう。日野家と本願寺との関係から見

ても、この頃勅願所となったことは確実と見られる。
善如《ぜんにょ》は永和元年（一三七五）二月一子綽如《しゃくにょ》に譲状を書き、康応元年（一三八九）二月、五十七歳で歿した。この綽如は生涯のうち三度巧如《ぎょうにょ》に譲状を書いている。第一回はまだ善如存生中の至徳元年（一三八四）で「今老少不定之身を以て、遼遠の境に赴くの間」という理由からである。第二回は善如の死亡した康応元年で「病気俄《にわか》に萌し、命葉殞《お》ちんと欲し」たためで、病気平癒の時はこの限りにあらずとしている。第三回は明徳四年（一三九三）四月二十二日で、「病嶇之間」尊俊に代筆させたと添書し花押をすえてあり、翌々二十四日死亡している。このうち第一回目の譲状が問題になるわけで、綽如は北朝方の依頼で越中五箇山の南朝軍を鎮撫に赴いたとか、その地の籠渡《かごと》で虐殺されて庄川に投げ込まれたという伝説を生んだ。ここで「遼遠之境」とあるのは、越中・美濃などに綽如下向の伝説があるから、北辺を指すものであろうし、越中井波の瑞泉寺《ずいせんじ》も明徳元年（一三九〇）綽如の建立と伝えられている。それでは彼が当時九歳の光太麿（巧如）に譲状を書いてまで、北地に下向しなければならなかった理由は何であろうか。

この点について注意されることは嘉慶二年（一三八八）、山門の奏状によって一向宗禁制が朝議に上っていることである（二条良基宛の九条忠基書状）。山門の奏請は親鸞の累葉が繁茂していたため、これを妬《ねた》んでなされたものであるが、綽如はこうした山門の圧迫を回避するため大谷の地を去って遼遠の北地に赴いたものと考えられる。綽如当時における本願寺の整備と教団の発展が、ようやく山門の眼を引くにいたったのである。能登・越中・美濃・飛騨の山間部は覚如や存覚の系統をひくと伝え、または古い聖教をもつ寺院が見受けられるので、これらが機縁となって本願寺の「通寺」としての瑞泉寺が成立したものであろう。

巧如は十八歳で父の跡を継いだ。近江堅田法住《かたたほうじゅう》の家は祖父善道《ぜんどう》のとき善如の本願寺門徒であったが、父覚念のとき禅宗に転じ、さらに応永二十年（一四一三）巧如の本願寺に帰参しようとした。ところが本願寺は参るものもなく、人跡絶えてさびさびとしていたので、繁栄している仏光寺に参り、同二十三年仏光寺住持と喧嘩して本願寺に復帰したという。本願寺の衰微については誇大に考えるべきではなく、巧如の大町浄一破門と併せ考えてこの時期にも依然として門末を掌握していたことがうかがわれる。巧如は永享八年（一四三六）四十歳の存如に住持職を譲り、同十二年十月、六十五歳で寂した。そしてこの存如が本願寺両堂を建て、近江・北陸に教線を伸ばし、本願寺教団の基礎工事を完成したのである。善・綽・巧・存の本願寺四代はこのように衰微時代というよりも、むしろ漸興時代なのである。

真宗の宗典

覚如が宗祖の顕彰・祖忌の儀式の整備のため『善信聖人絵』『報恩講式』『拾遺古徳伝』を、顕正・破邪のため『口伝鈔』『改邪鈔』『執持鈔』を書いたことは既に述べた。このほか彼には『本願鈔』『願々鈔』『最要鈔』『出世元意』『教行信証大意』『尊師和讃鈔』の著述がある。

存覚は当代の碩学であって、三部経の書写をはじめ、多くの著述を残した。仏光寺了源のためには『諸神本懐集』（二巻）、『持名鈔』、『浄土真要鈔』（二巻）、『破邪顕正鈔』（三巻）、『女人往生聞書』、『弁述名体鈔』等を著わしている。また四十八歳の建武四年、備後に下り、甘縄了円《あまなわりょうえん》（明光）のために『顕名抄』を、慶円（山南《さんな》光照寺祖）をはじめ同地門侶のためには『決智鈔』（慶空）、『歩船鈔《ぶせんしょう》』（二巻慶空）、『報恩記』（願空）、『法華問答《ほっけもんどう》』（二巻願空）、『至道鈔』、『選択註解鈔《ちゅうげしょう》』（五巻慶願）を書いている。『決智鈔』『法華問答』は法華宗と対決するためのものである。覚如の死後、善如のために『歎徳文《たんどくもん》』を書き、さらに『教行信証』の註釈『六要鈔』（十巻）を書き、尾張大野の空性《くうしょう》や錦織寺慈観に伝授している。このほか『讒解記《ざんげき》』『存覚法語』『浄典目録』『浄土見聞《けんもん》集』『存覚袖日記』およびその生涯を錦織寺慈観に口述筆記させた『常楽台主老衲一期記《じょうらくだいしゅろうのういちごき》』の著述がある。彼は神仏習合という当時の仏教一般に対する認識の上に立って念仏門の立場を明らかにし、真宗を学問的に組織したものであって、ひとり真宗学史上だけでなく日本思想史上にも大きな足跡を残したものと言える。このほか従覚は『末灯鈔』を編纂し、親鸞の己証（短篇の法語）と消息等二十二通を収めているが、これは以前にできた『御消息集』（善性本）、『親鸞聖人御消息集』、『五巻書』、『親鸞聖人血脈文集』などに比べ、内容豊富で後世最も流布したものであった。

こうした覚如・存覚・従覚等の述作が、真宗の根本聖典である『教行信証』や、その要略である『浄土文類聚鈔《じょうどもんるいじゅしょう》』『愚禿鈔』『三帖和讃』『太子和讃』などの宗祖の著述とともに、布教の時機と場所と対象とに即応しつつ宗義を確立し、本願寺教団の宗典組織を完成したのである。そして存如・蓮如のときになり、それらが書写され門下に下付されて、本願寺の本山化を推進し、蓮如の『御文《おふみ》』へと純化され発展していくのである。

本尊の安置

法然の本尊といわれる西福寺《さいふくじ》の阿弥陀像は来迎像であるが、「一念発起、即得往生」を説く真宗ではこの像は用いない。親鸞は善光寺如来や聖徳太子を崇拝し、その遺跡にはこれらを本尊とする寺院もあったが、それは元来そこに安置されてあったもので、新たに安置したものではない。親鸞が自ら依用した真宗独特の本尊は名号で（七九頁写真参照）、それは仏画や仏像という芸術ないし偶像崇拝とまったく別離し、仏名のみを抽出したものであって、一切の夾雑物《きょうざつぶつ》を除き、純粋に信仰対象を直観しようとする真宗の基本的なあり方が示されている。ところがこのような抽象的な名号は庶民には理解されがたく、やはり具体的な華麗荘厳な仏像が求められるのは当然で、本願寺教団の形成を志向する覚如ではとくに親鸞の立場を守り通すことはできなかった。

　名号本尊を形像本尊に拡げてゆく動きは、親鸞の死後彼の定め置いたところに従って東国教団の「覚者」のなかから芽生えてきた。光明本尊の出現がこれで、いずれも高田真仏を親鸞の後継者としているところから、それは高田系統の寺の本尊であったと思われ、仏光寺の法流にとくに依用された。覚如の批判はまずこの華麗な本尊に対してなされている。光明本尊は「南無不可思議光如来」の九字名号を真仏の体として中尊とし、その光明をもって全幅をおおわしめ、その向かって左に「南無阿弥陀仏」、向かって右には「帰命尽十方無碍光如来」とそれぞれ六字・十字の名号を配したものである。しかるに覚如は「おほよす真宗の本尊は尽十方無碍光如来なり」とし、十字名号を道場に安置すべきものとしている。しかもその根拠としては『教行信証』真仏土巻の「仏はこれ不可思議光仏」という親鸞の言葉を引用している（改邪鈔）。覚如の論理を矛盾のないものとして解釈すれば、九字名号は十字名号と同じものであるから、十字を本尊とすべきであるとしているようである。つまり覚如は仏光寺等が光明本尊を依用し、そこから名帳・絵系図を派生させ群侶を結集している点をにくみ、その結果光明本尊をも否定し、さらに九字名号を依用しなかったので、それが十字名号を本尊とする主張となったものと考えられる（梅原隆章著『真宗史の諸問題』）。

現在西本願寺に蔵せられる十字名号は、十字の下に蓮台を画き、上下に覚如自筆の賛銘がある（七九頁写真参照）。蓮如はこれに覚如以来常住の本尊で文明十七年四月四日修復したと裏書きしている。しかし覚如は名号本尊で押し通すことはしなかった。「身業礼拝《しんごうらいはい》のために、渇仰《かつごう》のあまり瞻仰《せんごう》のために、絵像木像の本尊を、あるひは彫刻し、あるひは画図《がと》し、「仏法示誨《じけ》の恩徳を恋慕し仰崇《ぎょうそう》せんがために、三国伝来の祖師先徳の尊像を図絵し安置すること、これまたつねのことなり」（改邪鈔）と画像容認の態度を明示している。ところが本尊・先徳の画像敬慕を認めるからには、法脈相承を肖像画で現わす絵系図や、入信者の名簿である名帳を仏光寺が依用することを非難できない。しかも光明本尊に画かれた先徳への敬慕は本願寺の正統性と集権化に矛盾し、善知識崇拝と教団の割拠性を助長するもので、覚如にとって否定せざるを得ないものである。そこで覚如は画像は認めるが、祖師先徳は本願寺の優位を侵害しない七高僧・太子・親鸞・如信に限定したのである。したがって覚如は実際問題としては、真宗原始教団の功労者である先輩を切り捨てたにとどまり、諸他の点では世俗的な荘厳への要望と妥協したのである。

　聖徳太子の尊容安置も、もちろんこの妥協の現われである。それは親鸞が六角堂での太子の夢告を説き、太子奉讃をなしたと同様に、観音・太子信仰の集団の教団への包摂、宮廷の権威の活用、外護を目指すものと思われる。太子眷属（百済博士覚哿《がっか》・小野妹子・蘇我馬子・高麗法師恵慈《えじ》・阿佐太子・日羅上人）が消されたのは礼拝対象を簡素化するためであるが、太子自身までも捨てることはできなかったのである。しかし親鸞が「和国の教主」と崇拝した態度とはかわって、親鸞は阿弥陀の化身《けしん》ないし観音の垂迹《すいじゃく》で、聖徳太子が親鸞を敬礼したという蓮位房の夢を記している（口伝鈔上）。つまり夢という真実ではないが民衆に説得力を持つ手段によって親鸞を太子以上のものに押し上げたいのである。太子像が内陣の最末座に掛けられているのは、このためである。

さて覚如は名号本尊より進んで本願寺に阿弥陀如来像を置こうとした。専修寺七世順証の書状（専修寺文書）によると、高田の専空（四世）や定専（五世）のとき、「大谷の坊主」が御影を傍に遷して、本堂には阿弥陀如来を置こうとしたが、再三反対したので実現しなかった。今また同様なことをしたので、順証は先師のように反対したが用いられないといっている。この専空に提案したものはほかならぬ覚如であって、大谷再興の時、万福寺源誓に与えた「大谷営構募化疏」（本願寺通紀）では「ついでに本尊安置せられ候事のいわれをも申」といって門徒に了解を求めている。大谷廟堂の性格を護持しようとする惣門徒はこれに反対し、高田定専のときの第二回目の提案も潰してしまったのである。第三回目は善如が順証等に提案したものらしく、門弟の反対を押し切って覚如の悲願を達成した。既成事実の積み上げと本願寺の実力充実がこれを可能にさせたのである。

鎰取役と堂衆

本願寺が文字通り寺院となり、留守職が住持となるとその機能も複雑化してくる。御堂に阿弥陀像が置かれ、そのかたわらに親鸞影像の入った厨子《ずし》があったが、この御堂の戸の開閉を住持が司り、厨子の鍵を下間《しもつま》氏の一人に預けたのは綽如の時からであった（実悟記）。鎰取《かぎと》りがこれで、下間仙芸の子景英《けいえい》（尊英）が御影堂鎰取役の初代である（下間系図）。しかし参詣者が多くなると、御堂の戸の開閉度数も頻繁になったので、鎰取りが住持の代行としてその開閉を管掌した。また証如の時代から一家衆《いっけしゅう》が下間丹後とともに司鎰権《しやくけん》を持ち（私心記）、江戸時代は連枝または別格寺から選ばれた「勤番衆」（坊官と同待遇）が司った。明治時代に入って役名は「侍真《じしん》」（真影に近侍の意）と改め、席次は連枝の次で末寺の上にあった。もちろん明治期でも元旦と祖忌の初日逮夜《たいや》には門主自ら開く例である。

鎰取りは「堂衆」の一人として勤めるもので、堂衆とは「供僧《くそう》」のことで、古くは六人あった。これは真言宗に発し「清僧《（聖）》」で平生精進《へいぜいしょうじん》であり、「妻子もなく、不断経論聖教にたづさはり、法文の是非邪正の沙汰」を司り、昼夜六時の礼讃を一時毎に交番して修したものであろう。近世では御堂衆六人が前面に列座し、その余は後にいる行法であった。下間長芸《ちょうげい》の子慶乗《けいじょう》は綽如の時「聖僧堂衆」であったが（下間系図）、このち家女房と密通して慶阿を生み、これが巧如の時召し出されて住持に仕えた。このの下間氏の子孫は次第に繁栄するから、妻子を持たないという清僧の条件は、これを契機として鎰取り・堂衆にも大目に見られたと思われる。なお長芸や慶乗は「都維那《ついな》」

であるから、善・綽時代には三綱（上座・寺主・都維那）の一つであるこの役も置いたものであろう。

また『本願寺作法之次第』には越中瑞泉寺でも文明初年まで朝暮の勤行に「六時礼讃」を誦したとし、本願寺でも蓮如が六首の和讃勤めに改めるまで続いた（実悟記）。さらに本願寺では嵯峨本の阿弥陀経と呼ぶ「すり本」が綽如の頃に出来、本堂ではこれを依用していたという。実に善如・綽如の両代は実如の語るように「威儀を本に御沙汰候し」時代であった（実悟旧記）。それは綽如が譲状に「行学」を留守職の条件としているように、綽如が「学匠文者」（反古裏書《ほごのうらがき》）であったことにもよるが、またこの時期が本願寺の草創期をすぎて、山門末の寺院として整備期に入ったことにも基づいている。当時一般に浄土諸宗ではおのおの寺院としての体制を確立していたのである。

下間衆の成立

ここで鎰取役より坊官となった「下間衆」の起源について触れておこう。天文二十年（一五五一）に実悟が享禄以前に古い本によって書いた系図を想起して記した『下間系図』（龍谷大学図書館蔵）によると、左のようになっている。

(蓮位)宗重――寺主 丹後 来善――正和二・十二・廿二卒、四十歳、美濃坊、法名性善 仙芸――都維那 讃岐、識善坊 長芸――聖僧堂衆、密通 丹後、都維那 慶乗――巧如上人被召出為得度、丹後寺主 慶阿 母家女房――法橋 丹後 玄英 童名松千世

来善――於坂東卒 弥次郎 信衡
来善――於坂東逝去 行信

仙芸――左ヱ門少尉、出家、法名尊英 景英
仙芸――美濃 女子

下間氏は常陸下妻の出であろう。親鸞も下妻の境郷で病気になったことが恵信尼書状に見えている。覚如の『口伝鈔』では蓮位房を親鸞常随の門弟で、真宗稽古の学者、俗姓《ぞくしょう》源三位頼政《よりまさ》卿の順孫としている。これは親鸞滅後わずか七十年の著述であるが、伝説が横行した時代であるから、頼政後裔という説は信用に足りない。ただ宇治河合戦に敗れた頼政の遺体が下河辺藤三郎によって持ち帰られ、それを祭祀したのが古河《こが》の頼政神社であるとか、越後の巻町に頼政が四天王とともに逃れて、寺院を創設したというような頼政伝説が東国の地に見られることを指摘しておきたい。ところが坂東本『教行信証』の第三（証巻）・第四（真仏土巻）両冊の表紙に「釈蓮位」とあって、それが蓮位に付属されたことを示している。また慶信の親鸞に宛てた書状に「進上聖人ノ御所へ、蓮位御房申させ給へ」とあり、蓮位の返書に病中の親鸞が彼に

代筆を命じたが、「御自筆ハツヨキ証拠」であるためとくに申し上げて自筆で書いてもらったとあって、彼が親鸞の秘書であったことが知られる。公家の家司《けいし》に当たるものので、彼の子が大谷一族の「下人」となっているのは「蓮位」が親鸞常随の使用人であったからであろう。

蓮位の一子来善《らいぜん》は親鸞の子即生房の下人で、源伊を経て覚恵が買い取った（存覚一期記）。その長子仙芸は唯善事件の直後大谷影堂の留守をしているし、また存覚の従者でもあった。覚如の葬儀には「随従　下間讃岐長芸親子」と記されている。すなわち下間氏は常陸時代から親鸞に仕え、本願寺一族の従者として世帯整理に当たったものである。本願寺の制度化に際し鎰取役となり、堂衆となったのも決して偶然ではない。そしてこれから阿弥陀堂・御影堂の賽銭は下間氏の所得となり、明応五、六年頃に下間蓮応はまず阿弥陀堂のそれを、ついで一両年後に御影堂のそれを本願寺に寄進している（実悟記）。また仏餉《ぶっしょう》は本尊のそれは衆僧が、開山の方は下間丹後が食し、納所《なっしょ》つまり本願寺の経理も下間が担当していたといわれる（高田上人代々聞書）。なお下間の居宅は大谷の寺内にはなく、門前にあり、本願寺が山科に移っても、大坂にあっても別に邸宅を構えていた（上原芳太郎著『蓮位と頼恭』）。

本願寺が拡大してくると、下間一族も繁栄し、惣領は家宰となり、一族は本願寺内部で奏者・殿原・中居・綱所《こうしょ》衆を勤め、外では一家衆の寺院の寺務俗務を処理し、また本願寺領・京家領の北国庄園の代官職《しき》をもっていた。本願寺が門跡となると坊官を一族で占め、一家衆を凌《しの》ぐ権勢をもって戦国期より明治初年まで宗務を担当したものである。実に本願寺の発展にとって下間氏の存在は重要な契機をなしたものと言わねばならない。

本末関係の形成

善如のころ大谷影堂に本尊阿弥陀如来像を安置したが、これは別に阿弥陀堂が建てられたのではなく、影堂の中心に阿弥陀像を、その傍らに親鸞影像を置いたものである。ところが永享十年（一四三八）と推定される存如書状（東本願寺蔵）に「作事は坊計半作に候へども、先々取立候、御堂之事ハ近日候之間、御影堂の柱可レ立用意にて候」と記されている。このころ本願寺では大普請が行なわれ、住坊だけは改築であるが、御堂（阿弥陀堂）は近日竣工予定、御影堂もやがて立柱が行なわれようとしていることが分かる。この年存如は四十三歳で、父巧如はまだ存命であったが、この二年前に譲状を受けて寺務に当たっていた。すなわち彼は就任早々この工事を企画し、阿弥陀堂と御影堂の両堂の分離と新築をこの年になしとげたのである。

この本願寺の新堂舎は、白毫寺《びゃくごうじ》・知恩院・青蓮院・定法寺《じょうほうじ》などの天台関係の寺の建ちならぶ中にあり、阿弥陀堂は三間四面、御影堂は五間四面であった。住坊も狭く小さく、坊後に女房衆の居所があったが、「人あるともなく、さび〳〵と」住んでいた（実悟記）。後世の本願寺から見ればもちろん、その当時の諸国の本願寺一族の坊よりも小さいと言われたほどである。しかし存如は信州長沼の浄興寺周観《しゅうかん》に「あはれ〳〵今一度ハ御上洛も候て、造作之式をも御覧じ候へかしなんど覚候」と申し送っており、彼としては地方大坊主にも堂舎の新造を見てもらいたい気持ちをかくしきれないようであった。

こうして本願寺の寺観が整ったことは、本願寺と地方寺院との関係がまだ同行的で、本寺の門弟への経済的依存度も高かったとはいえ、本願寺の教団における中心的存在としての性格をより強めるものであった。そして本願寺の本寺としての機能は、それが文化の中心京都にあるところから、真宗教学の淵叢《えんそう》として、本尊・宗典の下付権を集中掌握するところから始まった。

本尊・聖教の授与は親鸞の時から行なわれている。この授与は「預け渡す」という形式でなされた。常陸の新堤の信楽坊《しんぎょうぼう》が親鸞門下を離れた時、下間蓮位は「あづけわたさるゝところの本尊」「釈親鸞と外題のしたにあそばされたる聖教」を召し返すべきであると言っている。親鸞はこれに対し「親鸞は弟子一人ももたず」、信心は「まったく親鸞がさづけたるにあらず」、「本尊聖教は衆生利益の方便」で「わたくしに自専すべ」きものではない。「如来の教法は総じて流通物」であるからである。そこで「たとひかの聖教を山野にすつといふとも、そのところの有情群類、かの聖教にすくはれて、こと〴〵くその益を得」るならば、「衆生利益の本懐」は満足される。それを「凡夫の執《しゅう》するところの財宝のごとくに、とりかへすといふ義あるべからざる也」と答えている（口伝鈔）。

いかにも親鸞らしい言葉であるが、浄興寺二十一箇条などにも見えるように、門下が違逆したとき、師が本尊・聖教・房号・信心を取り返すという悔返権《くいかえしけん》が慣習法として一般に認められていた。存覚が木部錦織寺《きんしょくじ》主の代理で執筆した三条東洞院の尼法一に「預け置」いた本尊の裏書にも「若し千万の一、門徒違背の事あらば、須《すべか》らく本寺(錦織寺)に返し入るべき者也」と記されている（存覚一期記）。にもかかわらず覚如が『口伝鈔』で親鸞の態度を詳説したのは、梅原隆章氏の言われるように、本尊・宗典の頒布・悔返権を本願寺住持＝宗主の独占に帰せしめようとしたもので、本願寺主自らその権利の放棄を宣告したわけではない。覚如が『改邪鈔』で、本尊・聖教の外題《げだい》の下に、願主の名字をさしおいて、知識の名字を載せることを否としているように、本願寺と門徒との間にある中間的対立物化した善知識を抑えるのがそのねらいである。当時親鸞面授の直弟は、「親鸞」の署判を外題の下に記した本尊・聖教を伝持し、正統性の証拠としていた。しかし新堤の信楽坊のように異《い》安心《あんじん》の徒にも授与され奪回されなかった本尊・聖教もあることが明示されれば、親鸞の署判あるものを伝持する有力門弟の権威は著しく減殺されざるを得ない。逆にそれらが親鸞の法統をつぐ宗主の承認を得ればその正統性は再確認されるから、本願寺の権威の増大を結果することになる。

存覚は門徒の要望により、各種の本尊に銘を書いたり、裏書をしており、聖教を書写して下付することは覚如・存覚ともに行なっている。本願寺派の道場一般に安置された「方便方身尊像」は、文明二年蓮如が修復して裏書を加えた大和十津河野長瀬鍛冶屋道場本尊(龍谷大学所蔵)が最古のものである。これは裏書より百年以前応永頃の制作と見られるから、巧如の時代にすでに本願寺独特のこの形式が成立し下付されていたわけである。また能登鳳至《ふげし》郡阿岸《あぎし》村本誓寺には永享八年八月存如の下付した親鸞真影の裏書の写がある。

宗典書写と下付で最も注目されるのは、新潟県高田市浄興寺(もと信州長沼)所蔵の十余点である(新潟県文化財)。これは巧如・存如・空覚によって、応永三十一、二年に書写され、同三十二年より永享二年にかけて性順・周観兄弟とその父芸範に下付された『安心決定鈔』『顕名鈔』『決智鈔』『浄土見聞集』『法華問答』『口伝鈔』『教化集』『持名鈔』『諸神本懐集』『教行信証』などの聖教類である。『教行信証』の識語には「芸範為二学文《（問）》一応永中本願寺居住、巧如上人被二受伝一、是当寺秘書、他人不レ可レ見物歟」とあり、性順・周観に下付されたのも、彼等が修学のため大谷にあったからであろう。浄興寺新発意の本山修学は周観の子巧観《（彦太郎）》、その子了周等まで続いたようである（浄興寺文書）。こうしたことは加賀木越光徳寺性乗（文安六年、三帖和讃奥書）・同河崎専称寺真光《しんこう》（宝徳元年、御伝鈔奥書）の場合にも考えられるし、また存如は磯部勝願寺門下に聖教を所持しないから、浄興寺のものを書写するようにと指示している（浄興寺文書）。なおこの磯部の善忠の法名も文安二年八月存如の下付したものである。

　このように本尊（彫刻絵画）・名号・祖像・聖教・法名の下付を通じて文化的本山として本願寺が成長してくる。それは諸国の商工業者の座が京都貴族を本所と仰ぐようなもので、主体性はむしろ地方大坊にあり、権威的支配はまだ見受けられない。しかし道場の本尊として下付された本願寺規格の「方便法身尊像」では、本末関係はより強化されて現われてくる。現在知られる最古の「法身像」の裏書は、次のようになっている。

(異追筆)「覚如様かしかと不見」

大谷本願寺存如

文安元甲子正月廿八日

願主　釈明道

同国大野郡徳七郷下小島

飛驒聞名寺門徒

法(方)便法身尊像

これは本願寺（本寺）—聞名寺《もんみようじ》（手《て》次《つぎ》坊主）—明道（道場坊主門徒）という本末関係が宗主によって公認されたことを示すものである。聞名寺は覚如の門弟願智房永承の寺で、美濃より飛驒・越中にかけて門末を獲得していた。近世では美濃十二、飛驒十九、越中二十四の末寺道場をもち、婦負《ねい》郡の触頭《ふれがしら》で現在の富山県八尾《やつお》町はその門前町である。この裏書の本末関係の意味することは、善知識—同行の関係で各地に成立していた小教団を、善知識支配をそのまま認めて本願寺下にくり込み、本寺の権威を末々の門徒にまで及ぼしていることである。本願寺は存如以後、とくに蓮如以降この本尊を下付して急激に拡大していくが、それは在地の小武士団をそのまま家臣団に編成し、版図を拡げた戦国大名のように、数多くの小教団の門末を獲得し、手次となった棟梁寺院を強く把握・統制したことによるものであった。

2　真宗諸派の発展

唯善事件といい、覚如と門弟・存覚との対立といい、本願寺にとって重要ではあっても、日本社会の動きからはコップの中の嵐にすぎない。本願寺が歴史の前面にクローズ・アップされるのは、蓮如以後の教線の飛躍的拡大によってであるが、それは本願寺自身の手による以上に、真宗諸派のパイオニア的活動によることが多かった。蓮如は戦国動乱期にそれらを統合し、大教団を形成することができたのである。

高田専修寺

親鸞の門弟は常陸に最も多く、今御前の母と即生房のことを依頼した親鸞の遺言状も「ひたちの人々の御中へ」と宛てられている。しかし常陸の諸門徒団も、善鸞事件、唯善事件、覚如との反目などで分裂抗争し、横曾根門徒の多くや河和田唯円（歎異抄の著者）系は「唯善与同」で主流から脱落していった。そこで関東教団は次第に下野国高田の真仏を祖とする専修寺教団にまとめられることになる。高田真仏やその父といわれる高田入道等一門は常陸の豪族で、親鸞に二十貫文も送金しているように、東国教団の重鎮であったからである。ただし親鸞を専修寺第一世とするのは真宗原始教団の有力者の寺に一般的なことで、寺号を称したのは本願寺の成立よりのちであろう。

しかし専修寺はもちろん本願寺の末寺ではない。親鸞の墓所や大谷影堂を建て、建武三年影堂焼失のとき、他から買得移建したのは高田教団の力であり、戦国末期にも「此方の儀者、本願寺の本寺」（専修寺申状、高田学報二〇号、小妻隆文「真智上人出自考」）と主張している。歴代住持は親鸞からの「唯授一人之口訣」を伝持し、「親鸞位」に登って法脈を相承した。真宗の血脈は本願寺に相承されたが、法脈相承は高田にありというのがその信念で、必ずしも血統で住持職が伝えられたわけではない。総じて同朋教団の主流が高田教団となり、了海・専信・源海など有力門弟の寺がゆるやかな結合で、大谷廟堂と専修寺を中心に、廟堂留守職を掣肘しつつ繁栄していたのである。

真仏が親鸞に先立って歿すると、顕智がそのあとをついだ。顕智は越後国上寺の順範の弟子といわれ、真仏の聟と伝えられる。親鸞滅後の唯一の上足で伊勢・近江・三河・越前などに布教し、大谷廟堂を育成した。三河の真宗教団は、建長八年（一二五六）十月、高田の真仏・顕智・専信（三河願照寺祖）および下人弥太郎の主従四人が上洛の途次、矢《や》作《はぎ》薬師堂に念仏を勧進したのに始まり（三河念仏相承日記）、高田教団の有力な支隊であった。「三河より高田へまいるひと〱の事」には東殿御前・性善房（和田教円坊兄也）・楽智が高田にとどまって死去し、慶願（桑子の坊主）・了念は顕智ひじりより法名を与えられ、顕智のおんともで高田に参り、佐塚の専性（越前大野専光寺）・道空坊夫妻も参り、尼性空は顕智御影を安置したとしている（三河念仏相承日記）。桑子妙源寺《みょうげんじ》・和田勝鬘寺《しょうまんじ》・野寺本証寺等はこうした三河教団の棟梁であった。そして高田は真宗の本山的役割を果たしていたのである。

顕智の次の専空より定専・空仏・順証・定順・定顕《じょうけん》の五代は下野国真岡の豪族大内国行の家系である。専空・定専・順証が本願寺の阿弥陀像安置に教団を代表して反対したことは前に見たところであるが、とくに専空は、奥州・東海・北陸を行脚して勢力を扶植した。しかし定顕にいたって大内氏の血統は絶え、ここに真恵《しんね》が公家（谷下一夢氏は葉室家とする）より迎えられると、従来の同行的な大坊を抑え、直参小坊を掌握して本山化を推進することになり、本願寺と同様の歩みをなし、それとの対立を決定的ならしめる。また結城・宇都宮などの外護者とも対立し、ついに高田を去って越前称名寺《しょうみょうじ》に去り、ついで伊勢で門末を育成し、ここ一身田に本寺を移転した。福井県折立称名寺（佐々木高綱を祖とし、松本正行寺と同系）に蔵せられる真恵直筆書状は、この越前寄留に対する謝状である。

この真恵の専修寺教団確立の志向は蓮如の本願寺教団確立に刺戟され対抗したものであったが、後手に廻った専修寺は北陸農村掌握に失敗し、多くの寺院・道場を本願寺に奪われるにいたった。「高田上人代々聞書」には真恵が寛正以前本願寺の面倒を見てやり、蓮如の大谷へも訪れて長男順如を可愛がり、本願寺と高田とは門徒の取り合いをしない約束であったが、三河の和田（針崎）勝鬘寺《しょうまんじ》・野寺本証寺《ほんしょうじ》や桑子妙源寺の末寺上《じょう》宮寺《ぐうじ》をはじめ加賀国までも取ったと言っている。蓮如中興とは高田に対する優位確立でもあったのである。

仏光寺の繁栄

仏光寺《ぶっこうじ》は空性房了源の開いた寺である。了源は相模甘縄了円の門弟で、元応二年（一三二〇）関東から上洛した。俗名は金森弥三郎宗広といい、北条（大仏）維貞《これさだ》の従者という本願寺側の所伝であるから（真宗故実伝来鈔追加）、主人の六波羅探題着任に伴って来たものであろう。大谷にきて存覚の指導をうけ、正中元年（一三二四）山科《やましな》に興正寺を建て、阿弥陀如来・聖徳太子の尊容を安置した。元応二年の勧進状は存覚の起草したものという。この興正寺は覚如の命名で興隆正法寺のことであるが、元徳二年（一三三〇）京都渋谷《しるたに》に移り、存覚の命名によって仏光寺と改めた。

了源が覚如と激しく対立し、義絶された存覚が仏光寺と結んだことは前述したところである。このとき覚如より論難の対象となったのは名帳・絵系図で、またこれが仏光寺の繁栄を来たした了源の独創的発明であった。門徒となるものは極楽往生決定の証明を求めるであろうし、それに応ずるのが名帳に名前を記すことである。またそれから法脈を伝持する道場坊主を抽出し、その系図を肖像で画いたのが絵系図で、それはすでに「高僧図」「光明本尊」にも見られる。そうした人心の機微に触れた布教手段は、「私の自義」で、「祖師聖人の御遺訓」でないことはもちろんであるが、真宗に例のないことではない。むしろ庶民にそれが浸透するに当たっての必要条件であったと言える。嘉暦元年（一三二六）の奥書を持つ絵系図は光用寺（河内）・仏光寺（京都市五条坊門高倉）・宝田院（備後）・光照寺《こうしょうじ》（備後）・浄心寺（備中）にあり、仏光寺光薗院《こうえんいん》蔵絵系図も元徳元年の奥書がある。この短期間にかくも多くの絵系図が作製され現存していることは、覚如の非難の激しさと相まって、絵系図が歓迎され、仏光寺教団の繁栄したことを示している。とくに了源の師了円（明光房《めいこうぼう》）の開拓した備後光照寺の門末を存覚とともに獲得したことは重要な意味をもつもので、光照寺とその支坊照林房《しょうりんぼう》とはのちに安芸を除く山陰・山陽のほとんどの真宗寺院を末寺としており、近畿以西に大きな勢力を持つ大教団になったと思われる。また越前にも光明本尊が見られるし、この地方に勢いのあった三門徒の本寺、大町専修寺も仏光寺を本所としていた形跡があり、仏光寺の勃興が本願寺覚如に大きな脅威であった事情が納得される。

要するに仏光寺は高田系の一分派たる甘縄願念《がんねん》・了円の流れが京都に進出し、建武の動乱期に新しい布教手段で、新しい階層、新たなる地域に真宗教線を伸張したものである。了源は建武二年（一三三五）伊賀国巡教中、四十二歳にして兇賊のために殺害せられ、乱世の傑僧らしい最後を遂げた。その子源鸞《げんらん》も貞和三年（一三四七）二十九歳で歿している。しかし明光房了円は文和二年（一三五三）まで存生したし、了源が保護した存覚は今や善如の後見で真宗の長老であり、とくに了源の室了明《りょうみょう》尼は永和二年（一三七六）八十三歳で歿するまで源鸞の弟唯了を補佐して寺務を執った。この間真宗の発展は山門衆徒の反感を買い、文和元年（一三五二）に仏光寺・本願寺を破却しようとしたが、本願寺は青蓮院について事なきを得、仏光寺は山門両塔学頭の免状を得たとして難を免れた（祇園執行日記《ぎおんしぎょうにっき》）。そして本願寺が日野家と結んだように、この年唯了は二条良基の猶子となった。それより性曇を経て、性善《しょうぜん》・光教の二代はともに二条持基の実子である。二条家は日野家より家格がはるかに上であり、関東教団より出で出藍《しゅつらん》の誉《ほま》れを得た仏光寺は、名実ともに本願寺を凌いだのである。本願寺はここに九条家に近づき勅願所ともなったが、仏光寺また御影堂を建て、延文五年（一三六〇）その落慶供養を行なっている。なお仏光寺も山門の末寺で妙法院《みょうほういん》門跡を本所とするものである。

　しかし存如・蓮如と二代にわたる本願寺教線の進出から、仏光寺門末も直接間接にそれに接触しはじめた。ここから仏光寺門末に動揺が起こり、蓮如の下に真宗諸派の大同団結をはかる主流派は、継母との不和に悩む性善の長子経豪《きょうごう》を奉じ、文明十四年（一四八二）本願寺に投じた。叡山は一向宗に党した仏光寺宗徒を圧迫し、畠山政長《まさなが》を動かし、また妙法院に処罰を乞うている（仏光寺文書）。蓮如は山科に興正寺を建て、蓮教《れんきょう》の名を与え、常楽台蓮覚の長女を娶《めあ》わせ優遇した。本願寺教団にとって大きな寄与であったからである。こののち仏光寺は経豪の弟経誉《きょうよ》を住持とし、忠誠を誓った六坊（長性院、大善院、光薗院、昌蔵院、久遠院、教恩院）によって法灯を維持した。その子経光《きょうこう》（永禄九年歿、八十九歳）のとき門跡に補せられたといわれる（本願寺通紀）。

毫摂寺

毫摂寺《ごうしょうじ》は『口伝鈔』『改邪鈔』の願主であり、『慕帰絵』製作を発起し、『最須敬重絵詞』を記した覚如の門弟乗専の開いた寺である。乗専は丹波に生まれ、もと清範法眼と称し、禅や法華の僧であったが、やがて覚如に帰依した。その丹波の寺は本願寺に寄進し、覚如の別号によって毫摂寺と号した。彼の京都の居所が出雲路《いずもじ》毫摂寺である。仏光寺の聖徳太子像胎内文書によれば、元応二年二十六歳のとき、この太子像の開眼供養をしているから、了源が一寺建立を発願した当初は、これと親密な関係にあったと思われる。しかし了源が存覚と結んだように、乗専は覚如に傾倒し、その筆頭の門弟であった。覚如の葬儀で焚香は「上足ヨリ次第」してなされたが、それは従覚・俊玄（善如）・存覚・乗専の順で、血族以外では乗専一人である。

こののち出雲路毫摂寺として存続したが、その由来は錯雑して要領を得ない点が多い。『反古裏書』や『真宗故実伝来鈔追加』によると、乗専は覚如の末子を請うて後任とした。善入がこれに当たる。ところが越前三門徒の大町如導の高弟横越証誠寺《よこごししょうじょうじ》道性が毫摂寺を本寺（手次の意か）と頼み、善幸《ぜんこう》の代にいたっている。道性が毫摂寺についたのは、大町専修寺が仏光寺についたのに対抗したものであろう。当地地方寺院は本願寺との連絡・聖教下付・教学等につき、京洛の寺院を手次にしていたと思われる。この善幸のとき京都の兵乱（おそらくは応仁の乱）によって毫摂寺が焼けたので、長子善秀《ぜんしゅう》は京都に残り、次男善鎮《ぜんちん》・三男善智《ぜんち》は母子ともに越前横越に下向した。

これよりさき善幸は荒川華蔵閣玄真《けぞうかくげんしん》（綽如の三男）の子兼慶《けんきょう》を婿として証誠寺住持としたが、この兼慶（善栄）は十九歳のとき、蓮如の吉崎留錫《りゅうしゃく》の際その門に入り、専秀坊玄秀《せんしゅうぼうげんしゅう》と改めたので、寺を追われ、蓮如はこれを加賀河北郡二俣（本泉寺）に住持させた。善幸はその跡に善鎮を住持させたのである。その弟善智は兼慶の姉妙欽を妾とし加賀に越えて毫摂寺を再建したが、これが加賀市大聖寺の毫摂寺ないし山代の専光寺となったものであろう。こうして出雲路毫摂寺は三門徒証誠寺の門末を率いることになり、「秘事法門ノ類ノゴトシ」とされるに至った。ところが善鎮は「世芸を専とし、外道の秘術」を学んだためか証誠寺流も様々に分かれ、善鎮自身は家司渋谷某の勧誘で山科本願寺に帰し、正闡坊《しょうせんぼう》と号し、光闡坊蓮誓の教えを受けた。この系統は善慶・善秀と伝わり、摂津小浜の毫摂寺となったといわれる。またこの時道性以来の横越門徒は福井や武生《たけふ》陽願寺・横越証誠寺・五分市《ごぶいち》毫摂寺などに分かれ、とくに横越派と五分市派は激しく本末を争い、慶長八年頃、毫摂寺は多数の門末を率いて五分市に移った。現在の出雲路派本山毫摂寺がこれで、横越はしばしば火をかけられ宝物・記録・文書は烏有に帰したといわれる。そしてこの五分市毫摂寺は三門徒のなかでは最も本願寺に近く、元亀三年（一五七二）石山合戦に当たり、本願寺顕如は毫摂寺に三門徒の帰属を図らせている（本願寺通紀）。天正十七年（一五八九）後陽成天皇は宝祈長久・国家安全祈禱の綸旨を毫摂寺善光・善照に下し、ここに同寺は勅願寺となり、元禄中青蓮院の院家となった。

錦織寺

『反古裏書』によると近江木部の錦織寺《きんしよくじ》は慈空《じくう》を開基とする汎浄土宗の寺であったという。慈空は存覚の妻奈有の父瓜生津愚咄《ぐとつ》の実弟である。この関係からか慈空は貞和三年（一三四七）より存覚に師事し、観応二年（一三五一）死亡の時、寺を存覚に譲る旨の遺言をした。これに愚咄の勧告もあったので存覚は木部門徒の面倒を見ることとし、末子綱厳（慈観）に寺を継がせることとした。ところでこの寺は文徳天皇の天安年中叡山の慈覚大師の建てた天安堂に発し、親鸞が帰洛の折ここで念仏を説き、『教行信証』もここで著述されたという寺伝をもっている。親鸞ののちは横曾根性信

（坂東報恩寺祖）または飯沼善性（長沼浄興寺祖）が寺を預かったとし、慈観の『浄土宗一流血脈譜系』にも性信・善性を系譜中に入れている。しかし関東の性信・善性が近江の寺を管したというのはいかにも不自然で容易に信ずるわけにはゆかない。ただし「秋野河真影銘」（存覚一期記）によれば瓜生津愚咄は性信の法流で、性信の次の願性・善明が善性と願明（愚咄の父）と誤って伝えられたと考えられる。つまり瓜生津＝錦織寺門徒は横曾根系なのである。

存覚は姻戚・血縁関係から錦織寺寺主の代理となり、豊浦戒円・殖田教西・円法・法一等木部門徒の本尊に裏書きしており、近江・伊賀・大和・伊勢の山間部の住民を門末として錦織寺教団は発展していった。とくに注目されるのは後年興福寺衆徒に圧迫され、奈良一向一揆を惹起した吉野門徒である。暦応元年（一三三八）冬覚如は「常葉御影」を迎えるため、瓜生津愚咄及び大和秋野河聖空《しょうくう》の誘導によって伊賀を経て大和に入った。聖空は現在の大和吉野郡下市の滝上寺開基で、さきの「秋野河真影銘」（延文元年五月二日往生した聖空真影を翌年三月一日増賀法橋が画き、存覚が銘文を記した）に源空→親鸞→性信→願性→善明→愚咄→聖空と法系を記しているから（存覚袖日記）、瓜生津＝錦織寺系で、当地方にこの門末が多かったから、愚咄が同道したと考えられる。

錦織寺は慈観ののち、慈達・慈賢を経て慈範《じはん》（叡尚）のとき、住持と門徒との間に不和を生じ、その子勝恵《しょうえ》（十九歳）は伊賀・伊勢・大和等四十ヵ所の門徒を率いて本願寺に投じた。蓮如はこれに勝林坊の号を与え、娘妙勝と結婚させて山城三栖《みす》に住せしめた。妙勝死後は妙祐と婚し、大和吉野下市願行寺に住んだ。ここにはこれとともに蓮如の子飯貝本善寺実孝が置かれたが、これは錦織寺門末が吉野地方に多かったからにほかならない。

錦織寺はこのため大打撃を受け、末寺のものが入って寺務を専断し、あるいは他宗他流の僧に三年五年と住持を依頼するなどして寺を維持した。石山合戦のころは浄土宗鎮西流となり、織田信長と結んで本願寺に対抗したという。このため江州門末は多く仏光寺や本願寺に転じ、近世に入って荒廃の極に達したが、綱吉の母桂昌院の幇助もあり、（九）十三世慈綱・（十）十四世慈仁の修復により、ようやく寺観を整備することができた。

このように存覚・乗専・専空など覚如と関係の深い高田・出雲路・木部・横越・仏光寺などの諸教団が、本願寺教団の核心とならず、むしろ本願寺下にはその異分子が入り、現在真宗における非本願寺的諸派として存在しているのは皮肉な現象である。後に記す大町如導も覚如の高弟であるから三門徒とても同様である。思うにこのことは、親鸞の遺弟が覚如の門下とはならなかったように、覚如の遺弟もまた蓮如の門下となることを潔しとしなかったものであろう。古い教団は法系と割拠という古い衣裳をまとっており、それが多数門末の動向とは無関係に、伝統であり誇りであるとされたのである。真宗の分派はかように歴史事情によって成立し存在しているのであって教義の異解で生じたのではないのである。

三門徒

三門徒とは大町如導・横越道性・鯖江如覚を祖とする越前地方の教団で、本願寺で「秘事法門」と呼んでいるのは、この宗派のことである。三河長瀬願照寺の「高僧図」や中野本山専照寺（福井市）所蔵「八高僧図」「九高僧図」によれば、三門徒の祖大町如導は高田真仏→専信（専海）→円善→如導と法門を伝授したものである。専信は遠江鶴見より三河に移った親鸞面授の高弟で、願照寺祖である。有名な「安城《あんじょうの》御影《ごえい》」（建長七年親鸞寿像）もこの寺に相伝されたが、存覚の懇望で、専海の弟子照空（覚信）から文和四年本願寺に召し上げられたものである。和田円善は俗姓安藤　権《ごんの》守《かみ》で、権守とは村地頭（村殿）の呼称と思われるから、安城城主というのはこの地の地士の出身を意味し、円善は安藤氏の一門と言える。如導はこの和田門徒の支流で、

九高僧図（福井県　専照寺蔵）
僧侶の相対面向しているのは法門の伝授・相承を表す。親鸞や如導が上人号で道性と如覚に聖人号がつけられ，道性を道往と書き誤っているから中野三門徒派固有のものではなく，鯖江系統のものであろう

三河の地侍水野氏の一族ではなかろうか。三河と越前とは美濃白鳥から大野越で往来があったから、越前の真宗は和田円善門下によって開教されたのである。円善の後継者信寂・寂静等は唯善事件や大谷再建に活躍した三河教団の重鎮であるが、それが高田顕智や専空とともになされているように、三河教団は高田門徒の一翼である。そこで『門侶交名牒』では如導は高田顕智の門弟ともなっている。如導が越前に入ったのは、顕智・専空・円善等の開拓した路線に沿うもので、関東より西漸する原始真宗教団の発展の一つの流れであったのである。顕智の建てたという折立称名寺が如導を援

助し、専空の熊坂道場を大町に移して専修寺と号したというのは、このような高田との関係によるものである。なお蓮如のころ大町専修寺は和田勝鬘寺《しょうまんじ》（現在岡崎市針崎町）を本寺としているから、円善の系統は勝鬘寺となったと思われる。

折立称名寺はのちに黒目称名寺・橋立真宗寺・正行寺などを分出させた幾多の坊よりなる山間の大寺院で、この点越前における高田教団の正統的存在の風格をもっていた。ところが如導は越前に腰を落ちつけて布教した最初の人で、波多野通貞《みちさだ》の帰依を得、独自の教団形成を志向していた。正和年中天台の長泉寺《ちょうせんじ》（鯖江市）別当孤山隠士なるものが三門徒を論難して著わした『愚暗記』や、如導がこれを論破した『愚暗記《ぐあんき》返札《へんさつ》』によれば、その信仰の純一さと激しい実践的態度を窺うことができる。『愚暗記』は冒頭に「阿弥陀経読まざる事」として次のように述べている。

当世一向念仏ノ在家ノ男女ヲ聚《あつ》メツヽ、愚禿善信ト言フ流人ノ作リタル和讃ヲウタヒ詠ミテ同音ニ念仏ヲ唱フルコトアリ、無量寿経ニ三輩往生ノ相ヲ説クニ、一向専念無量寿仏ノ文アリ、是ヲ本説トシテ一向念仏トイフ名言イデキタルトテ阿弥陀経ヲモ不読《よまず》、六時礼讃ヲモ勤行セズ、但男女行道シテ六字ノ名号計リ唱ヘテ、彼ノ和讃ヲ同音ニウタヒ詠ジタリ、肉食等ノ不浄ヲモ不戒、袈裟・衣・数珠・具足ノ沙汰

モナシ、死人ノ追善トシテノ卒都婆《そとば》ヲモ不立《たてず》、禁忌ナンド、言事アルベカラズト教化スルコト愚暗ナリ

和讃《わさん》は今様の一種であるが、流人善信作製のこの和讃を誦し、読経・礼讃を行なわず、物忌みなく死人の追善なきこの一派は、まさしく真宗における最も急進的なものと言える。三門徒とは和讃門徒からでたという説明もあるほどである。彼等は和讃称名しつつ男女行道し、踊躍念仏の異風も見られるが、「威儀」を立てた本願寺よりははるかに真宗的であり、時宗から如導に帰したという伝承をもつ寺院も少なくないので、時宗を包含したと考えられる。外装なども問題とされないが、黒衣・黒袈裟が普通であったと言われる。

かかるところから如導の教説は庶民の間に普及していき、それは三河＝高田教団の枠を越えるものであった。本願寺覚如が東国門弟と隙を生じたのはこの時であって、まず自己の陣営に三門徒をひき入れようとして、覚如・存覚父子は応長元年（一三一一）五月大町に下向し、『教行信証』を如導に講談したのである。『存覚袖日記』には如導が覚如の葬儀に参列したことを記しているから、覚如と如導の師弟関係はずっと続いたものである。「秘事法門」は覚如の三代伝持の血脈説にヒントを得て、善鸞に

関係づけて自己の正統性がその秘伝口決に基づくとし、偶像崇拝を排して「オガマズノ衆」と称せられたもので、その教線の急激な進展と後年の本願寺との関係から、かく非難されたものであろう。

横越道性は如導の法門を相承した高弟であるが、三河池鯉鮒《ちりふ》称念寺の開基とも言われ、その分寺中根真浄寺に道性木像を安置している（真宗全史）。また専信の弟子ともいわれ、善鸞の開いた寺を如信の子浄如が再興したのが横越証誠寺で、道性がこれをついだと寺伝では言っている。関東系から本願寺に通じたことは如導と同様で、義絶された存覚は貞和二年（一三四六）六条綾小路町の道性宿所に寄宿し（存覚一期記）、文和元年（一三五二）道性の本尊に裏書きしている。また同四年道性門下与藤次の本尊道性影像や、同門下加藤家の本尊に裏書きしている。証誠寺が出雲路毫摂寺と結びついたのは、かかる存覚への接近の結果であって、証誠・毫摂両寺兼住の時期が室町時代にあったのではないかと思う。両寺住職に共通の法名が多いからである。なお小浜市広峰の証明寺《しょうみょうじ》には明徳二年四月三（ママ）日本願寺綽如と記された覚信尼真筆と称する南北朝期の親鸞影像がある。同寺は道性の曾孫浄善の開いた寺であるから、これが横越より持ち出されたことは確かで、存覚ののちも証誠寺は本願寺に毫摂寺を介して結びついていたのである。

鯖江如覚は誠照寺《じょうしょうじ》では道性の長子と伝えられ、その法脈をついだものであることは中野専照寺蔵「九高僧図」で明らかである。次子道光を開基とするという河俣常楽寺は現在も鯖江誠照寺末寺である。如覚は鯖江北方の天台宗長泉寺と何らかの関係をもつと思われ、存覚の門弟で、のち自立して真照寺《しんしょうじ》の寺号を得、波多野出雲入道《いずもにゅうどう》（鯖江庄公文か）の帰依を受け、その屋敷地寄進によって車屋道場より北陸道に面する現在の寺地に移った。真照寺は堀を廻らす大寺院で、永享五年（一四三三）ごろにはその門前町が形成され寄進されているし、永享七年にも長田蔵人より買得した鯖江庄公文名内野畠二ヵ所を波多野右京亮《うきょうのすけ》が寄進している。今その一例を挙げておこう。

奉㆓寄進㆒屋敷之事

合
　南ハ車屋ヨリ
　北ハ真照寺堀之トヲリ

右彼之於㆓町屋敷㆒者、除㆓人足諸公事等㆒、永代真照寺ヘ、令㆓寄附㆒之所也、於㆓末代㆒、更々不㆑可㆑煩者候也、仍寄附之状如㆑件

（波多野右京亮）
永享五年六月一日　（花押）

ここに町屋敷とあるものは現在の鯖江市の起源をなすもので、車屋道場は上野別院となっている。

真照寺は永享九年秀応の時誠照寺と改めたが、永享七年と同十一年には公家某（修理大夫奉リ）が寺地寺領を安堵しているほど大きな存在であった。三門徒は大町専修寺を中心とするものではあったが、大町門徒が分裂して、大町一族（波多野一族か）の専修寺と如導の血統を擁する帆《ほ》山道願《やまどうがん》・河《こ》北祖海《ぎたのそかい》（島津氏専光寺）等の中野専照寺となり、横越門徒もまた分裂したため、鯖江は三門徒中の有力者となるにいたった。末寺約五十、徳川時代に入り元禄六年輪王寺宮に属し院家となっている。

この三門徒派は互いに分裂し抗争した小教団であるが、蓮如の時期までは北陸における大きな教団であったと考えられる。金沢市専光寺は今日約七千の門末を持つ大寺院で、東西分派のときは東本願寺側の立役者であったが、家紋が「かりがねの紋」で、平康頼の子孫と称すること、専光寺と号することなどの点から、河北祖海の専光寺より分かれた三門徒であろう。越中に水野姓の寺があり、能登にも大町如道に関係ある寺院が若干あり（三門徒法脈）、加賀石川郡諸江《もろえ》坊《ぼう》（三国町勝授寺）も大町の支坊であり、和田本覚寺も波多野姓で、関係があると思われる。存覚は康安元年（一三六一）近江武《む》佐《さ》道仏のために善導より道性にいたる八高僧影に銘文を書いているから、武佐門徒も横越門下で、のち本覚寺与力に転じたものである。本願寺の存如や蓮如が「秘事法門」＝「邪義」として執念深く排斥したのは、その強大さと民衆教化の実力のためで、またそのために三門徒の史料は廃棄せられたのである。

門徒の社会的性格

真宗諸派のうち高田教団は原始教団の性格を保持するものであるが、覚如・存覚の影響下に生じた新興諸派は従前に顕著でなかった性格を鮮明にしたものであった。この仏光寺・毫摂寺・錦織寺・三門徒に共通して言えることは、畿内・近国の生産力の進展した地方に伸び、しかも山麓・港津・街道付近に拠点を固め、民衆のなかに入っていったということである。

和讃を誦し、踊躍念仏があり、名帳・絵系図を用いるなど、教化手段についてはすでに見たところであるが、現実面においても庶民を門末として強く掌握している有様を見ることができる。新潟県岩船郡を流れる荒川上流域では筏流し・箕作りなどを業とする「タイシ」と呼ばれる賤民があった。この附近は禅宗の普及した地帯で、関川村の十一ヵ寺の中八ヵ寺は曹洞禅であるが、「タイシ」だけは本願寺門徒である。おそらく聖徳太子信仰の徒という意味であろう。彼等は永く山の民として生活を享受し、農民化した禅宗信徒のなかに入ってきたとき、新来の移住者として異種的に受け入れられたため、「タイシ」と賤称されたと言える。魚沼・三島・苅羽の山間地帯でも割元・庄屋・重立層は真言または禅で、新百姓や近世初頭の移住者は真宗であるという現象を呈している。また天正十四年常陸の一向宗徒三十余名は賤民視されたのを怒って一向坊主を先頭に暴動を起こしている（水府地理温故録）。在地領主や在家を中核としていた真宗原始教団とは異なり、本願寺門徒は山の民や直接生産者を中心として登場してくるのである。

紀伊国日高郡高家の西円寺には往時「一向専修念仏名帳」が秘蔵せられていた（紀伊国続風土記）。これを発見された宮崎円遵博士の紹介によると、この名帳は「同心ノ行者」を掲載したもので、その名を記帳するのは「一念発起ノハジメ」で往生を期待するものであり、興国四年（一三四三）正月十三日以降、了忍の教えを相伝した道場坊主了心、坊守《坊主の妻》円心以下百二十余名が記されている。これは仏光寺系であるが、そこには番頭《四番》・ソウクワン（庄官）・属《ワサノ大工》（シヤウクワンドノ）など土豪級の名が見えるが、僻遠の地で、もとより武家と称するほどのものではない。このほか大夫名・乙名《おとな》を称するものもあるから、この地域の住民各層を含み、数では直接生産者が圧倒的である。また男女夫婦も童名も記され、いかにも庶民的な雰囲気を表現し、同時に彼等は三尾荘(阿尾、三尾浦、小坂)・矢田荘(小熊、吉田木法師)・川上荘(和佐若野)・小池荘(吉原)・志賀荘(鍛冶谷)・財部荘(島)の諸庄園の区劃を超えて集団を形成していることが注目される。真宗は今や山間の居住民に普及沈潑していったのである。

存覚以来開拓された門徒団は山間ではあるが、また交通路に沿ったところに多い。このことはまた門徒が商人や手工業者の多かったことを示すもので、流通の進展が諸国横行の念仏者を含みつつ真宗を弘通させたとも言える。摂津西成郡木津の願泉寺門徒の人馬講《にんべ》はその素姓を示すと見られ、出羽国までも行商にでかけた堅田住民も早くから本願寺や仏光寺に帰したが、その道場主法住の家は紺屋で、門末には研屋《とぎ》・鍛冶屋・桶屋・麴屋・油屋・舟大工などがあり、錦織寺の地盤であった大和吉野の飯貝に建てられた本善寺の門徒も、地侍層とならんで油屋・薬屋があり、土地柄から考えても吉野門徒は材木業や吉野紙・吉野葛の生産に関係していたと見られる。近江国友村の鉄砲鍛冶も古い門徒であって、このほかにも、ろくろ師・塗師・杣工・鍛冶・鋳物師《いもじ》・金掘り・紺屋など山の民や商工業者と真宗との関係を示す事例は多い。彼等は移動性をもち交易を行なうから、各地散在の小門徒団が広汎に結びつけられたと言えるし、初期の真宗道場が各地を移動したのもこのためと考えられる。しかし本願寺教線が拡大し、里の豊かな村々や町々を制圧してからは、かかる山間地帯の小門徒はさほど重要な意味を持たなくなってしまったのである。

3　本願寺の北国教線

本願寺の地位と生活

本願寺住持は普通日野家の猶子で青蓮院門侶である。時として興福寺大乗院や一乗院で修学することもあったが、本願寺は山門青蓮院末寺で「一向宗」という特異な存在であった。しかし門流の繁栄を見ると山門大衆《だいしゅ》は本願寺の圧迫に乗り出し、元徳二年（一三三〇）、叡山は東寺に協力を求め一挙に念仏排斥を行なおうとしている。ついで文和元年（一三五二）山門大衆は日蓮宗と一向宗を弾圧しようとし、仏光寺・大谷廟堂が難にあうところであったが、本願寺は青蓮院と三千院に請うて、ようやく事なきを得た（祇園執行日記）。さらに南北朝末期にいたり、また一向専修圧迫の兆候が見えている。この時事態を憂慮した前《さきの》関白九条忠基《ただもと》は左の一書を摂政二条良基《よしもと》に呈している。

先日度々申し承わり、本望の至りに候、そも〳〵浄土真宗興隆の事、妬心を挟むの徒、猥《みだ》りがわしき躰《てい》たらく、無道の至りに候、たとい累葉繁茂の儀有りといえども、違犯すべけんや、善信は一宗の鼻祖、文永の度勅許顕然たるものなり、然れば誰かあえて宗に背くべけんや。もし山門の衆徒に与《くみ》し、蜂起を企つるに於ては、全く偏執たるものか、諸事賢察に過ぐべからず候、穴かしく

乃刻　　　　　　　　　　　　　　　忠基

准后殿

（菊地勇次郎氏の御教示による）

准后良基が摂政であったのは嘉慶二年（一三八八）四月八日から同年六月十三日までである。ここで九条忠基という宮廷首脳が、文永の大谷廟堂建立が勅許を蒙ったもので、山門の圧迫は妬心に出で、無道の至りであると強く主張している。こののち百四十年、蓮如の曾孫証如が九条尚経の猶子となったとき、当時の本願寺の勢威にもかかわらず、家格の相違からなお異議が唱えられた（実隆公記、享禄元年八月十一日）。それで忠基が何故にかくも強く本願寺を擁護したか、本願寺と九条家の関係が問題になってくる。

『尋尊大僧正記』（文明六年閏五月三日）によると興福寺大乗院門跡尋尊《じんそん》は極楽坊に参詣し、そこの古塔石塔に次のような文字を認めた。

正林、後五大院殿御母、一向宗　同按察局、上林之主也
大谷女也、於大谷入滅　鹿薗院殿、後報恩院殿
被懸御手女房也、号九条殿按察局也
於大谷入滅

ここに「後五大院殿」とあるのは、尋尊の前任者で四度までも興福寺寺務大僧正となった安位寺殿経覚《きょうがく》で、彼は「後報恩院殿」（九条経教《つねのり》）の子である。『安位寺殿御自記』（経覚私要鈔）でも、「東山本願院」を「亡母之里也」としており（寛正六年三月二十二日）、まさしく彼の生母は一向宗大谷の女《むすめ》で正林（上林）禅尼であった。ところが正林の主人「九条殿按察局」は、当初足利義満ついで九条経教の側室となった妙観（尋尊記、文明二年十一月三日）で、正林とともに大谷で入滅している。ここから考えると妙観が真宗の篤信者で、この関係から本願寺住持の女が妙観の侍女となり、これにも九条経教の手がついて経覚大僧正の出生となったのであろう。経教の子忠基

が本願寺を弁護したのはかかる関係で、本願寺の勢威が高まったためではない。

また存如の死を聞いた経覚僧正が、「五十余年知音、夢双恩人也、周章々」と日記に書いているのは（経覚私要鈔、康正三年六月二十三日）、九条経教が応永七年（一四〇〇）七十歳で歿したため、綽如《しやくによ》の女らしい若い母親とともに大谷で育てられたからである。経覚が系図に見えないのはこうした出生の秘密によるもので、そのことは九条家に対して本願寺の地位が意外に低いことを物語っている。石田善人氏によると覚如の内室善照尼は河島＝革島に由縁のある人であるが、南隣の上久世庄には橘行宗《ゆきむね》（法名了賢）なる門弟があり、これが上久世庄公文真板氏の一族と思われるので、大谷一族の社会的地位は九条の家来筋でまず十町ほどの給田をもつ庄司の一族を出るものではないと言えよう。

しかし大谷一家は家領を持たないから、私経済の面では不如意の状態が続いていた。惣門徒の責である寺院経済でさえ、三間四面と五間四面の阿弥陀・御影両堂の建築と住坊の「半作」しか許さなかったのである。信州長沼の浄興寺周観に宛てた存如書状にも金銭のことを訴えたものがある。十二月十四日付のものは永享四年と推定されるが、そこでは八月に嶋津殿（長沼城主か）から借金したばかりで、再々借りるわけにはゆかぬから、「念少之至憚入候へども、五貫秘計申べく候」と五貫文の借用を申し入れ、借金につぐ借金で返す返す面目ないと言っている。また七月三日付書状は永享十二年と推定されるが、この春磯部勝願寺（善忠か）が上洛の時少なからざる志を納め、それを笠原（信州、本誓寺所在地）辺から割符にしたが、まだ到着しないので心もとないと言っている。この志は前年往生した善慶《ぜんきょう》のため、善忠が本寺に持参した後年の永代経料に当たる比較的多額の志納金であろうから、これを鶴首して待望する存如の姿が眼に浮かぶようである。彼には五人の召使いがあり、一年に鳥目五十匹の契約であったが、辛うじて十四しか与えられなかったとも言われる。

蓮如初期に大谷を訪れた高田専修寺の真恵も「其ノ比ロ《こ》迄ハ本願寺一向不肖ノ体也」（高田上人代々聞書）と言っている。当時会計を預かった下間丹後は、毎日京へ出て米七升ずつ買い取り、朝夕の食事を調えていると真恵に語ったという。七升は二十人ほどの食事で、寺院として多人数を抱える本願寺のその日暮らしの有様を如実に示している。堅田本福寺法住等が仏光寺の方へ赴いたのも無理からぬことであった。若き日の蓮如が、月の光や黒木を燃して勉学したとか、幼児のおむつを洗ったとかいう本願寺衰微の逸話には誇張の見られぬこともないが、経済的に恵まれなかったことも事実であろう。

しかしこの間、本願寺は北陸の開拓に努力し、蓮如の黄金時代の基礎を形成しつつあった。覚如は宗祖遺跡巡遊のため北陸道を歩いており、この折の帰依者も少なくはないはずで、しかもこの地方に普遍的な白山信仰は観音と阿弥陀如来を本地とするものであったのである。

井波瑞泉寺

覚如の大町専修寺如導掌握についで本願寺の北陸教線拡張は、綽如の井波瑞泉寺建立となって現われている。同寺には明徳元年（一三九〇）沙門尭雲《ぎょううん》の勧進状があり、この尭雲が時芸綽如のこととされている。これによると井波には「霊水」があるので「瑞泉寺」と号したと言い、「山深兮俗縁僻、里遠兮人事稀、観念无レ妨、練行在レ便」として修学に便利な土地柄を力説している。綽如の時期は天台衆徒の圧迫が加えられているので、俗縁なく人も稀な在所への逃避行が行なわれたものであろう。文中に「止観円融之学窓秋月朗。凡仏法繁昌之地、四神相応之砌也」とあって天台的色彩が濃厚なのは、当時本願寺の本尊の前に護摩壇があった（七条日記）のと同様、天台の宗風教学が尊重せられたからにほかならない。この瑞泉寺の西に高瀬明神があり、これは越中一の宮で白山系に属している。従って神宮寺は天台宗で、瑞泉寺の周辺にはその塔頭坊《たっちゅうぼう》が散在し、今に地名となって残されている。瑞泉寺もその一つであり、また青蓮院門侶である綽如の別所であったと思われる。

綽如の後しばらく住持なく、御堂衆三、四人が留守をしたが、巧如は晩年に瑞泉寺に下っている。浄興寺（高田市）所蔵七月三日付存如書状に、「証定閣は四月より越中瑞泉寺ニ被住、秋まで在国候べき所存にて候、徒然可ニ思食遣一候」とあり、年紀は明らかでない。しかし文中、浄興寺周観の息男で本願寺で修学中であった彦太郎（巧観）が「長々在京いたはしく候処下向返々目出候」とあり、またこの春磯部（勝願寺善忠）上洛の時、少なからざる志を持参したと述べている。これは五月四日付存如書状の磯部善慶往生の翌年に当たると思われ、しかも五月四日書状には「和州も大略無為」として将軍義教《よしのり》の大和平定を祝し、「去年京都ハ餓死病死以外に候」と飢饉の状を伝え、「就中《なかんずく》関東之事ニ　定《（さだめて）》　国《（信州）》も煩ども候らんと覚候、無勿躰候、無為無事ニ候て目出候」と永享の乱の信州への波及を心配し無事を喜んでいるから、これは永享十一年のもので、七月三日書状は永享十二年のものである。当時彦太郎は十七歳で、巧如はこの年の十月に歿している。すなわち巧如は永享八年留守職を存如に譲って隠居し、春から秋にかけて井波にあり、帰洛後間もなく死んだものである。そこで瑞泉寺滞在は布教のためというよりは、暑熱の京都を避けて井波の地に涼を求めたもので、存如は巧如の徒然を慰めるよう周観に依頼しているのである。瑞泉寺と本願寺との関係はこのように別荘と考うべきものであろう。

しかし瑞泉寺が建立されるにはその土地の門末の助成がなければならない。『賢心物語』には加賀・越中・越後・信濃・能登・飛騨の六ヵ国の衆が馳走し、大門四足の馬場垣、双方の石倉は六ヵ国の武士がこれを築き、国郡在所・名字・仮名《けみよう》・名乗《なのり》以下まで石に書き記し、近頃まで明らかに見えたと言伝えているとしている。六ヵ国は誇張かもしれぬが『賢心物語』のできた天文年間の「十日講衆請文」（上平村生田長次郎氏蔵）には五箇山惣中の重立ちが堂々たる官途・公名を名乗っているから、賢心が武士といったのは、かかる郷々村々の老百姓《おとな》（村落の有力者）と解釈すれば、さほどの無理はないと言える。綽如を寄留させた杉谷慶善《きようぜん》もこの類であろう。また綽如は越中に来るとき、竹部法眼慶乗・土屋薩摩守季成・上田石見守秀綱・稲塚左近・斎藤刑部・高桑左門・今村民部等の武将を率いて入部したと伝えられる。この竹部法橋《ほつきよう》は照円寺の祖であるが、当初は下間姓で、綽如入寺のときは下間一族のもの、恐らく長芸の子を堂衆として伴い来たったものであろう。しかしその後竹部与助なる門徒が下間の跡をついで寺の維持に努めたため、後年まで竹部豊前法橋なる青侍が瑞泉寺の寺務・俗務に大きな役割を果たすようになるのである。竹部氏は三清村肝煎《きもいり》の建部氏の出身であろうか。土屋季成は次郎兵衛、上田秀綱は五兵衛、稲塚左近は新助と百姓名があり、刑部・民部などは当時の老百姓・村殿等のよく用いた官名である。高桑左門は五箇山附近に高桑姓が分布し、上平村上梨八幡宮がその中心であるという。越前石田の西光寺が、十名ほどの長百姓《おとな》によって建立され、それが当時の末寺となっている点とを併せ考えれば、綽如随従の武将とはほかならぬ初期瑞泉寺の門徒の有力百姓であったといえる。

それでは遼遠の地井波・高瀬付近の百姓たちに念仏を伝えたのは何者であろうか。井波の奥の五箇山には人形山・金剛堂山という白山系の修験の霊地があり、高瀬神宮寺もまた等閑に付すべきものではない。また加賀河北郡五箇庄・五箇山・河上・蟹《かん》谷《だ》・院林《いんばやし》の杣人・鍛冶・鋳物師・産所（散所）・藤内・さゝら・番匠などと存覚との関係も考えられないこともない。このうちで私は北陸における時宗の普及と、高瀬庄の紺掻《こんかき》とに注目しておきたい。

瑞泉寺を預かった杉谷慶善の女如蓮尼《にょれんに》は時宗であり、のち如乗《にょじょう》の二俣本泉寺を預かったものは、高坂定賢《こうさかじょうけん》の親戚喜阿弥陀仏という時衆であった。赤松俊秀教授によると二十数万を算した時衆のにわかに減少する時期が本願寺の飛躍的発展期であり、三門徒の寺でも真言や時衆からの転派を伝えるものが多い。真宗門徒が一向宗として時衆と混同されることのあったことは両者の共通性をよく示すものであろう。そして時衆は庄園の市場で布教され、山間部の住民の商工者的要素に基礎を置いていたのである。このうち紺掻商人は高瀬庄（東大寺領）に現われているが、加賀山内庄（白山山麓）百姓は白山神人《じにん》が紺掻で、英田・津幡・森下・山崎・宮腰・野市・白山と剣の敷地・寺井・安宅・福富等の諸村に分布している。これら諸村のほとんどは蓮如時代に有力な末寺門徒のいた場所である。水稲栽培の困難な山の民が零細な山の幸を市場に持ち込み、土地を離れて次第に商人化し、あるいは巨木・鉱床を求めて流動するとき、そこに真宗が伝播され、また平野部へ弘通するのである。

巧如の下向のころ、その第四子如乗（宣祐）が瑞泉寺の住持となり、興行寺《こうぎょうじ》周覚の女《むすめ》勝如尼がこれに配された。この如乗三十一歳、勝如十五歳の時、すなわち嘉吉二年（一四四二）、如乗は二俣に本泉寺を建てた。これは谷新保町の高坂定賢と田島村番頭右衛門の二人の門下の尽力によるもので、如乗は天台的な瑞泉寺の主流と相容れなかったのであろう。そして高坂定賢は今日の法林寺の光徳寺祖と思われるが、同寺の本尊は門末の鋳造した金仏で、そこには鋳物師の存在を考えしめるものがある。本泉寺は二俣より谷新保・平尾を経て加賀河北郡若松庄へ進出するが、能登本誓寺が山より新町村へ、さらに阿岸郷南へと移動したことと併せ考えて、門徒が山より里へ、里より町へと移住・発展していくのに随伴したと考えられる。

超勝寺の建立

綽如のころ、加賀にはすでに荻生《おぎゅう》願成寺・河崎専称寺・黒崎称名寺・宮越《みやのこし》迎西寺《ごうさいじ》などの直参《じきさん》の末寺が存在していた。願成寺は現在加賀市鍛冶町（東）と同市勅使（西）とに分かれているが、東願成寺には願主仏乗に応永二十六年（一四一九）下された『親鸞絵伝』がある。おそらく巧如の下付したものであろう。河崎専称寺は山城庄河崎より近世初期大聖寺に移ったもので、宝徳元年（一四四九）存如から四幅絵伝を下付されている。黒崎称名寺も加賀市黒崎にある古刹である。宮越迎西寺は宮腰つまり金石《かないわ》にあり、現在は金沢市にある。これらは古くから寺号を称しているが、このほかに道場坊主が多くいたわけであるから、北陸ではまず加賀の沃野に教線が張られたようである。

ところが越前では高田門下をはじめ大町門徒や鯖江・横越の繁栄をよそに、本願寺教団の形成はむしろ遅れていた。しかるにはからずも和田信性《しんしょう》門下の分裂によって本願寺は越前に巨歩を踏み出すことができたのである。和田信性（本覚寺祖）は『反古裏書』によると三河野寺本証寺の末学《まつがく》で、慶円を祖とし、覚如が大町に下向したとき、田島（但馬）の行如《ぎょうにょ》（興宗寺祖）とともに教化されたという。信性の死後嫡男長松丸と異母弟長若との間に家督争いが生じ、長松丸は信性の影像を携えて退出した。ところが長松丸はやがてなくなったので、その門末は巧如に請うて二男頓円《とんえん》を迎え、のち応永十四年（一四〇七）ごろまでに超勝寺を建てた。長松丸の名に因んだものである。

ところで超勝寺の縁起はいずれも和田円善をもってはじめられ、その寺も円善の旧地に建てたとしているので、和田信性の寺は大町専修寺と同様三河和田門徒の流れである。専修寺は三河和田の勝鬘寺を本寺としているので、超・本二寺も同様であったと思われる。ところが和田信性は本覚寺開基であるため、信性門下の分裂は本覚寺門徒の超・本二寺つまり長松・長若の分裂と一般に信ぜられている。しかしこののち超勝寺と本覚寺は終始一味同心の活躍をしているので、到底このような歴史事情で分離した門徒団であるとは思われない。信性は三河の人で、和田信寂と何らかの関係があるのではあるまいか。また戦国中期では本覚寺の門末は超勝寺のそれより遥かに多いが、両者の間に通婚関係はなく、超勝寺が連枝であるのに対し本覚寺はせいぜい下間《しもつま》一族か直参《じきさん》末寺と通婚するにすぎない。その上に本覚寺の姓は波多野氏であって鯖江誠照寺と等しく、円善系の安藤姓でも和田姓でもない。小松市本覚寺（東）・高田市性宗寺（和田御坊、天文十八年分寺）が和田姓であるのは後年の苗字である。蓮如のころの分家で、天正三年（一五七五）以降高田市下野田にある本覚坊も東古市本覚寺（西）も古くから波多野姓である。本覚寺が河口庄細呂宜《ほそろぎ》郷別当職や増力名名主職を持っているのは、越前きっての豪族波多野氏の一門であってみれば当然のことなのである。

かような点を考えて、『勝鬘寺系図』を見ると和田信性は同寺住持で、その歿後長松・長若の争いのため、綽如が住持を兼摂し、さらに頓円を住持させ、その跡を高珍がついだ苦しい系図になっている。そこで私は信性は勝鬘寺住持で、同時に越前に本覚寺という通寺を設立し、覚如来越当時は鋭意布教に努めていたと考えたい。その歿後長松丸を擁立したのは本覚寺の留守を預かる波多野氏や三門徒といった和田門下の越前教団で、長松丸の死後統合の象徴として、青蓮院との関係からも、「東山殿《（本願寺）》」の「公達」（頓円）を申し受け、高田派から本願寺に接近したのである。一方勝鬘寺の方は長若が継承し、さらに高珍が住持となり、この頃蓮如に通ずることになったが、本願寺教団に入ると長若を抹消し、系図を改変したと考えるのである。ともかくこのようにして、信性門下の分裂と本願寺への帰服によって、本願寺は連枝を北陸に送り、高田門徒・三門徒の金城湯池に大きな橋頭堡《きょうとうほ》を作り上げたのである。

頓円は豪族の後援を必要とするので三公文の一人菅原某の女と結婚させ、これによって藤島豊郷《とよさと》も同心した。三公文とは青蓮院領藤島庄は東・中・西の三郷からなり、各郷に公文職があったもので、豊郷はその上に立つ同庄下司であると思われる。このとき加州坊主衆も大略与力のようになり、やがて久末勝厳寺《しょうごんじ》・打越勝光寺・黒崎称名寺・赤井称名寺・横根乗光寺・磯部聖安寺《しょうあんじ》・安吉浄土寺・永福寺等越前・加賀・越中などの有力な寺院も末寺化してくるのである（本願寺文書）。しかし頓円は「世法にまどわされ、仏法につぶさ」でなかったので、門徒はさらにその弟周覚（玄真）の下向を請うた。周覚は頓円を追うわけにはゆかないので永平寺の近くの志比庄大谷にあり、やがて荒川に華蔵閣《けぞうかく》を建てて住んだといわれる。

周覚の長女同一尼は江守に住し時宗となり、二男妙宗も北国時衆の中心地長崎称念寺に住んで底阿弥陀仏と号した。第四女妙欽は毫摂寺善智の妾となり、六男兼慶は証誠寺住持、孫蓮慶《れんきょう》は大町専修寺住持、第二女良宗は守護代甲斐一族の菩提寺照護寺の良空妻、第三女勝如は瑞泉寺如乗の妻、四男如順は平泉寺両界院住である。周覚一門の社会的地位と宗教的性格を察すべきである。ところが華蔵閣は三男祐慶が継いで興行寺と号したが、これは長男永存が本願寺存如の婿養子となって石田西光寺をつぎ、次男が称念寺住であったためである。そこでこの西光寺を軸として周覚一門は大きく本願寺派に旋回し、他宗他派に一族を送っていただけに本願寺教団に寄与するところもまた大であった。

超勝寺も同様で頓円の孫では慶恵と言忠が加賀粟津保長久寺染王院道忠の弟子、慶春は平泉寺等地院住である。もっとも頓円は妻と不和になり、妻子と別れて加賀粟津に越え、ついで戸津に本蓮寺を建てた。頓円は文安四年正月六十一歳でなくなったが、その生前長女妙円尼はしきりに親鸞が法然よりもらったという数珠と親鸞影像を望んでいた。影像は文安元年七月、数珠は同四年三月、跡をついだ玄慶から、頓円の許しを得て送られている。とくに数珠は「末期送」として遺言されている（長松寺文書）。妙円は東珍坊蓮頓の母で真宗の寺に嫁したものであろう。そこでこの時代既に伝説的法宝物ができていることが知られるが、また籠居した頓円はこれら法宝物になお権利を持っていたのである。なお戸津本蓮寺は三男蓮覚（周恵）がつぎ、「法流執心深くして真俗ともたゞしか」ったが、玄慶（如遵）は「よろづ、父の道をまなぶ事まれ」であったと本願寺側では伝えている。

秘事法門の帰服

大町如導の一門は覚如の本願寺に接近したが、実力の点では大町門徒や専修寺の方が優位にあり、時として本願寺とも衝突したようである。如導の後は如浄がつぎ、嫡子といわれるが孫と考えられる良如（了如）は、敦賀西福寺を創し、浄土宗となる門下も多かった。混乱した系譜を一応考定してみると次のようになる。

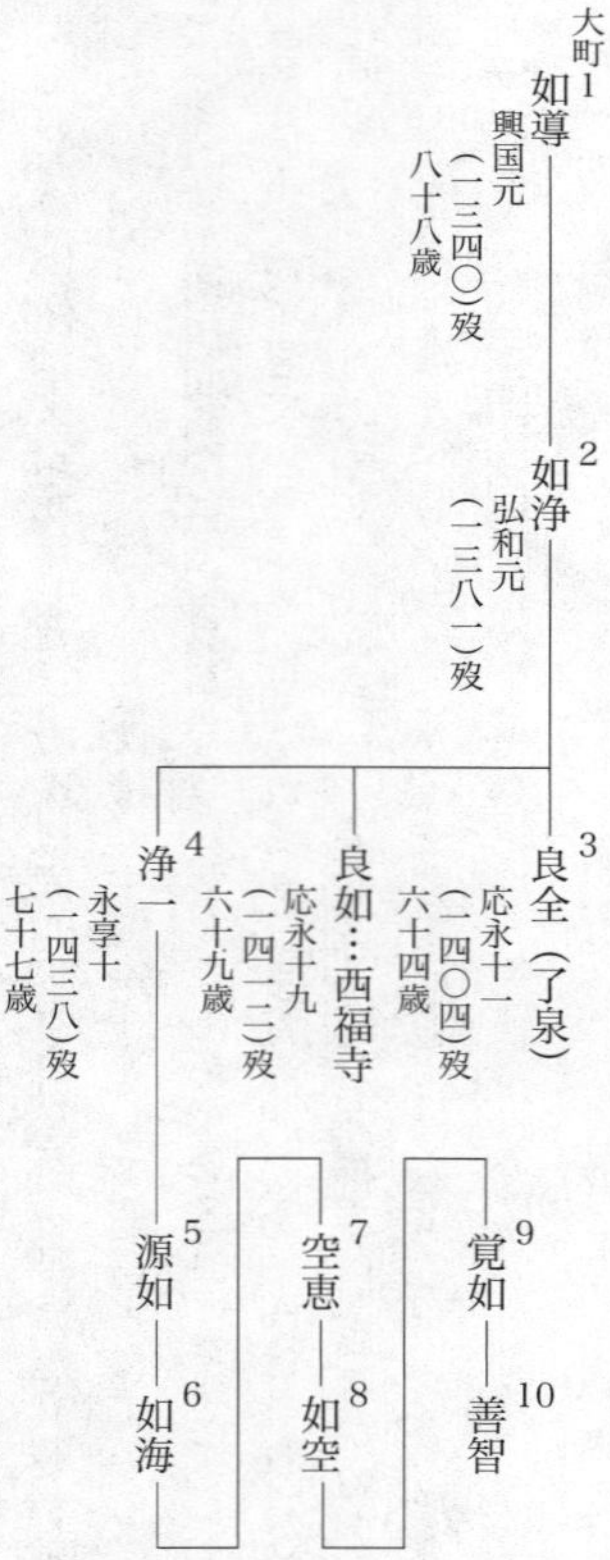

（中野物語、専照寺略縁起、三門徒法脈）

良如は浄土宗の名僧であったため、如導の嫡子とされたもので、やはり如浄歿後大町門徒には幾つかの分派が生じ、良如派が浄土宗へ走ったと見る方が自然である。道性が横越に証誠寺を創したのも至徳二年（一三八五）であり、そこから鯖江如覚の誠照寺が分出するのも、同様に道性歿後のことであろう。浄一は如導（如浄の誤か）の三男とも、帆山（誓願寺）道願（天台宗帆山寺関係か）の子とも伝えられ、鞍谷御所《くらたにごしょ》（足利義満の孫嗣後以下三代の御所）に仕えていたという。ところが蓮如の時期に大町専修寺は大町一族のものが住持となっていて（反古裏書）、如導の血統は絶えているのである。この大町氏は永く専修寺の外護者であり大町の地頭で、天正二年に大町対馬守は鉢伏山に籠る大町専修寺賢会《けんえ》を援助し、軍資調達・武器送付に当たっている（勝授寺文書）。そこで私は良全の跡は絶えてしまい専修寺に大町一族のものの入寺がなされたと推定するのである。そしてこのことは如導の高弟帆山（誓願寺）・河北（専光寺）・社（専通寺）などの承服し得ないところであって、如浄の三男浄一が迎えられ、蕗野保中野道場を専照寺とし、如導以来の親鸞の分骨（専照寺親鸞木像の胎内にある）「法脈相承八高僧連座像」以下の法宝物をもって別立したのである。その時も諸説があるが、専照寺縁起にいう応永三年（一三九六）ごろから中野への分派結集が始まり、『中野物語』にいう永享七年（一四三五）に決定的に引き分かれ、この頃本願寺巧如の非難を蒙ったものであろう。なお専照寺縁起では永享九年足利義教が寺領を寄進し、寺地門前末寺まで諸役を免除したとしているが、さきに見た鯖江誠照寺文書からもあり得ることと思われる。鯖江真照寺が同年誠照寺と寺号を改めたのは、この専照寺開立と関係があるのではあるまいか。また足利義教の帰依が単なる所伝にすぎないとしても、鞍谷御所が関係していることは問題のないところで、これをめぐる大町・島津（専光寺）等国侍層の政治的葛藤、ひいては義教と大乗院門跡経覚との争いなども関係しているかもしれない。

ともかく専照寺は大町如導の水野氏の血脈を伝える唯一の寺院で、大町門徒も主流派は中野方についたと思われる。そして専修寺は大町一族が住持となったが、これは仏光寺に接近していたと思われる。天正三年専修寺賢会は織田軍と戦って敗死し、専修寺門末三千は興正寺門徒となった。越中五箇山にかくれていた専修寺一族加賀倉月庄諸江坊唯賢《ゆいけん》は賢会の正統を称して専修寺の拠点大野郡中野に寺基を構え、興正寺を相手として本願寺に訴訟を繰り返した。興正寺顕尊《けんそん》は顕如の実子で脇門跡に列せられており、本願寺老臣は処置に窮したが、慶長六年（一六〇一）准如は穴馬《あなま》門徒を直参とし、唯賢に准賢の名字・勝授寺号・一家の待遇・吉崎御坊の名跡・大野郡坊主門徒の取次権を与えた。これが三国町勝授寺で、近世では超勝寺・本覚寺に次ぐ一家衆で宰相中将と称していた。しかし寛文五年（一六六五）穴馬谷の荷暮・半原二ヵ村と美濃郡上の二ヵ村が、郡奉行の声掛かりで興正寺に変わった。現在穴馬の辺地に東西本願寺の直参と興正寺別院があるのはこのためである。これで我々は大町如導の布教径路と浸透ぶりと地盤とを知り得るのであって、一九六一年秋、宮崎円遵博士らは穴馬門徒の古い形の宗教生活を再発見されている。そして興正寺が専修寺退転後その門末を掌握したところに、かつて毫摂寺と証誠寺との間に見られたような本所↓末寺の関係を興正寺（仏光寺）・専修寺の間に見ることができると思う。この関係は戦国末期に生じたものではなく、勝授寺の前身である加賀諸江坊は諸江八町の寺内町住民を同行とする大坊で、「正法寺殿加州道場」（勝授寺文書）として創置せられ専修寺の加賀通寺ともなっていたのであるが、正法寺殿を興隆正法寺つまり興正寺と考えることが許されるならば、やはり興正寺が専修寺と深い関係をもっていたという推定は可能であろう。ただし勝鬘寺を本寺としていることも、如導以来変わってはいなかった。

ところで良全の後二代ほどあとの専修寺住持は、還俗して大町助四郎という武士になってしまった。後住は本寺にまかせるというので、当時吉崎にあった蓮如は、本寺である高田派の勝鬘寺高珍に相談し、結局高珍の女と西光寺永存の三男蓮慶とを結婚させて専修寺を継がせることとし、高珍もここで死んだ。これによって本願寺は三門徒の本寺を一族の手に収め、勝鬘寺高珍を通じて和田門徒とも握手し、さらに高珍の歿後、勝鬘寺住持に蓮慶の長男了顕を送り込んで、覚如に懇望状を提出させた和田門徒を支配するにいたったのである。

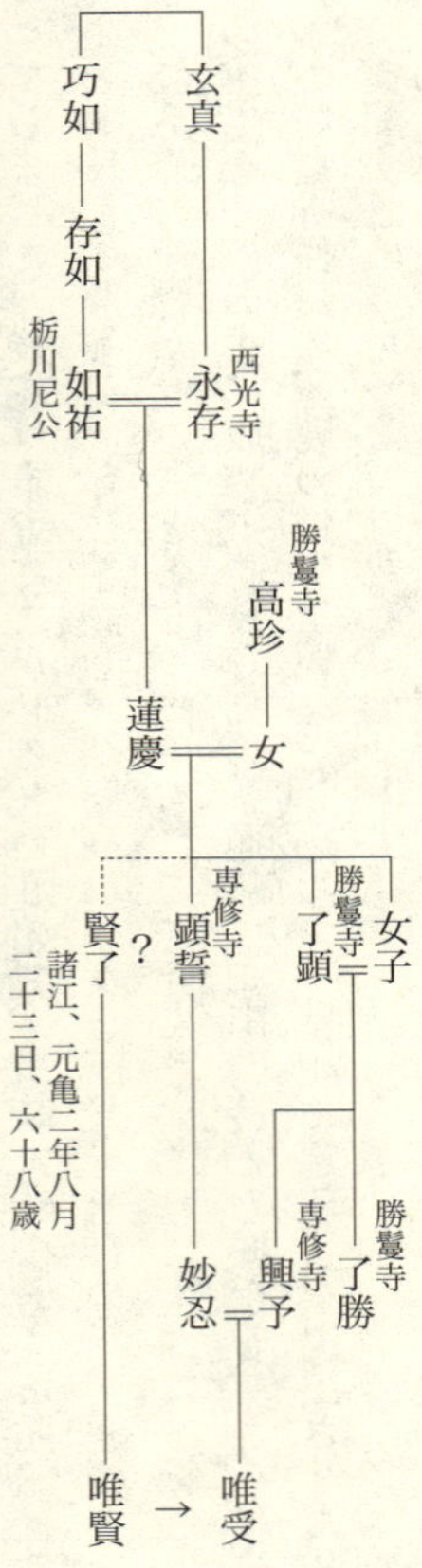

専照寺は十二世善連のとき、天正十年（一五八二）堂宇を福井堀小路に移した。正親町天皇は善連を権大僧都に任じ、同十三年勅願所とし、豊臣秀吉と親交し、小教団ではあるが寺格は著しく高まった。元禄頃妙法院に属し院家となっている。十八世証如のとき、寺基を現今の豊町に移した。しかし門徒団の分裂はその後も行なわれ、本願寺に蚕食されて、盛時の面影はなく、本願寺末の中山程度の規模に止まっている。

真実の法義

三門徒派・高田派寺院の帰服は、その門末がすでに本願寺に摂取されたという事態の反映であった。そしてそれはまた存如・蓮如の巧妙な布教と統制の結果でもある。

存如の『熊野教化集』は、広汎に弘通した弥陀・観音・薬師の熊野三所権現の信仰を媒介として阿弥陀信仰＝本願寺の教線拡大をはかったものである。さらに絵伝・聖教法名などを下付して末寺化したことはさきに述べたところであるが、とくに注目されるのは永享八年八月寺務就任後半年ばかりたって能登阿岸本誓寺に『親鸞真影』を下したこと、翌九年加賀吉藤専光寺に『三帖和讃』を下したことである。これは永享七年ごろの中野専照寺別立の直後であり、とくに吉藤専光寺は中野派の大立物《おおだてもの》河北専光寺の一門であって、加賀三門徒系を握って専照寺側に加担させなかったものであろうから、とくに配慮があったと思われる。この時以前に本願寺で『三帖和讃』の書写がなされたことは見えず、和讃採用は全く存如に始まるもので、三門徒の重んずる和讃を活用して吉藤専光寺門下の掌握をはかったものと考えられる。そして自ら越前に下って石田西光寺を開き永存に与え、加賀に在国して荻生・福田（加賀市）の秘事法門の徒を教化したのである（御文帖外）。

　存如はこのように包容的連続的に教線の拡大を推進したが、蓮如になるとこの基礎の上に、非連続的な異端の排撃を強く打ち出してくる。巧如・存如によって包摂された教団における時衆的・真言的・天台的・三門徒的・神仏混淆《こんこう》的・高田教団的な一切の要素の払拭を目指しているのである。具体的には「聖道門のはて或は禅僧のはてなんどが」、「自骨に了簡をくはへて人をへつらひたらせる」ことを非難し、「あまた御流にそむき候本尊以下御風呂のたびごとにやかせられ」るという措置もとられてくる。

とくに時衆・三門徒を摂取した北陸では蓮如の御文《おふみ》で門徒の洗脳が行なわれた。文明五年（一四七三）超勝寺への御文では、「ちかごろはこの方念仏者のなかにおいて、不思議の名言」を使用し、「十劫正覚のはじめより、われらが往生をさだめたまへる弥陀の御恩を忘れぬが信心ぞ」というのは大きなあやまりであると言っている。また西光寺永存の室で蓮如の異母妹栃川尼如祐には「十劫正覚の時我身の往生さだまるといふ事はいはれぬ人の申事にて候」と返答している。赤松俊秀教授によると「十劫秘事」は時宗の影響で、その克服が蓮如の法流の大きな課題であったことが知れる。また超勝寺門徒に座衆があり、座上で盃なども人より先に飲む宮座的傾向を見て、超勝寺如遵は門徒を預かる器ではないとして、住持を追われてしまった。もと三門徒の吉藤専光寺に対しても、「念仏だに申して毎月道場の寄合にをいて懈怠《けたい》なくば、往生すべきなんどばかり存知」しているが、それでは少し不足であると言っている。荻生・福田同行中も、秘事を本とする心はすたれても、まだ当流の「真実の法義」には基づいていないと警《いまし》められた。逆に本願寺の方でも、蓮如の時から六時礼讃をとりやめ、六首の和讃勤に代えている。これは従前の天台宗儀を反省し、実践的な三門徒と接触することによって「和讃」を再認識した結果であると言える。

こうして蓮如は神仏習合説を方便としたり、本尊の前に護摩壇を飾る妥協的態度を一擲した。それよりも教義を純一なものにして、大教団を統一しなければならない。そこで教団の開展に当たってパイオニア的役割を果たしたものが、逆に不純物を含むとして粛清の槍玉にあげられるのである。同じく親鸞の流れである秘事法門や高田門徒や、一門である超勝寺までが、蓮如の厳しい追及にあっているのはこのためであった。とくに門末の掌握には、門徒と本願寺との中間に立つ大坊主分が障害をなすわけで、大坊を抑圧し、門徒の心を直接本願寺に結びつけるのが蓮如教化の基本的方向であった。坊主分の大酒を戒め、俗人の方が坊主よりも念仏を理解しているというような御文がたびたび発せられ、これが講中で読誦されるのであるから、「施物だのみ」「善知識だのみ」の信心に基礎を置く大坊主の権威は地に落ちたと言える。代わって本願寺の威光は大坊主を保護しつつ、上から北陸の農村にあまねく浸透し、その沃野より得られたエネルギーはまた全国的制覇に使用されることになるのである。

第四章　戦国動乱と本願寺

1　蓮如の生涯

生いたちと継職

蓮如は存如の長男として応永二十二年（一四一五）春誕生した。父存如は二十歳、祖父巧如は四十歳である。童名は布袋丸《ほていまる》とも幸亭《こうてい》とも称した。生母は本願寺の召し使いで存如の手がついたものである。蓮如六歳のとき存如が如円尼《にょえんに》を正妻に迎えたため、蓮如の幼像を絵師に画かせ、応永二十七年の暮大谷を去って西国に赴いたといわれている。蓮如はこのように生母と生別し継母に育てられたため、「瞼の母」をなつかしみ、九州豊後の人とか、備後鞆《とも》にいるとかいう、かすかな便りを耳にすると、自ら下向しようとしたり、人を遣わして消息を探し求めようとしたりしたほどであった。また蓮如は生母と別れたとき、鹿子《かのこ》絞《しぼ》りの小袖を着ていたことを記憶していたが、晩年さきの絵師の所持していた幼時の画像を探し出して、これに銘を加えた。蓮如の歿後は三月二十五日の命日に、蓮如影の脇にこの幼像をかけたということである。この画像は「鹿子の御影」と呼ばれ、北国の寺院で、写伝されて今に伝わっているものがある。

かような蓮如の生い立ちは、まず彼が庶民の母の血を受け、健康と意志と才能を持って生まれてきたことを示している。また彼の幼少時代は、継母如円尼（海老名《えびな》氏）に六人の子があり、本願寺の困窮時代でもあった。彼の側近であった慶聞房竜玄《きょうもんぼうりゅうげん》は京の町に出て油を調達したが、資金のないときは黒木を焼き、月の光で『教行信証』

蓮如鹿子の御影（福井県　真宗大谷派超勝寺蔵）

や『六要鈔』『安心決定鈔』などを読んだといわれる（蓮如上人行実）。このような困苦に耐え、複雑な家庭の中に成長したことが、後年門徒に接するときの「ホエホエ」とした顔や、人間心理の機微を洞察する力などを与えたものであろう。

蓮如は宝徳元年（一四四九）、存如とともに北国に向かい、存如は加賀で荻生・福田門徒を教化しているが、蓮如はさらに関東・奥羽を訪ね、東海道を経て帰洛している。本願寺歴代は生涯に必ず一度は東国に下向して親鸞旧跡を順拝するのが慣例とされるが（拾塵記）、このとき蓮如は一杖一笠で越後鳥屋野をはじめ各所を巡遊し、この時の草鞋《わらじ》の跡がずっと後まで足に残っていたという（蓮如上人行実）。浄興寺（高田市）に蔵する蓮如自筆書状は、この松島までの東国巡遊の帰途信州長沼に立ち寄る予定であったが、戦乱のため東海道経由で帰る旨を告げ、二百疋の志の礼を述べたものである。これによって東国巡行が有力な地方大坊の歴訪を兼ねたもので、その懇志を路用としてなされたものであることが知られる。

この旅行から考えると蓮如が存如の後継者であることは確定していたとも言えるのであるが、長禄元年（一四五七）存如が六十二歳でなくなると、継母如円は実子応玄に本願寺住持を継がせようと画策した。大谷一門も門弟も、常楽台空覚（存如弟）までもこの議に賛同したが、越中井波瑞泉寺にあった如乗（空覚弟）は、蓮如が嫡子で存如譲状もあることゆえ、応玄の儀は心得難いとただ一人で強硬に主張した。本願寺歴代譲状があるなかで、存如譲状のみ伝存しないので、実は譲状は書かれなかったも

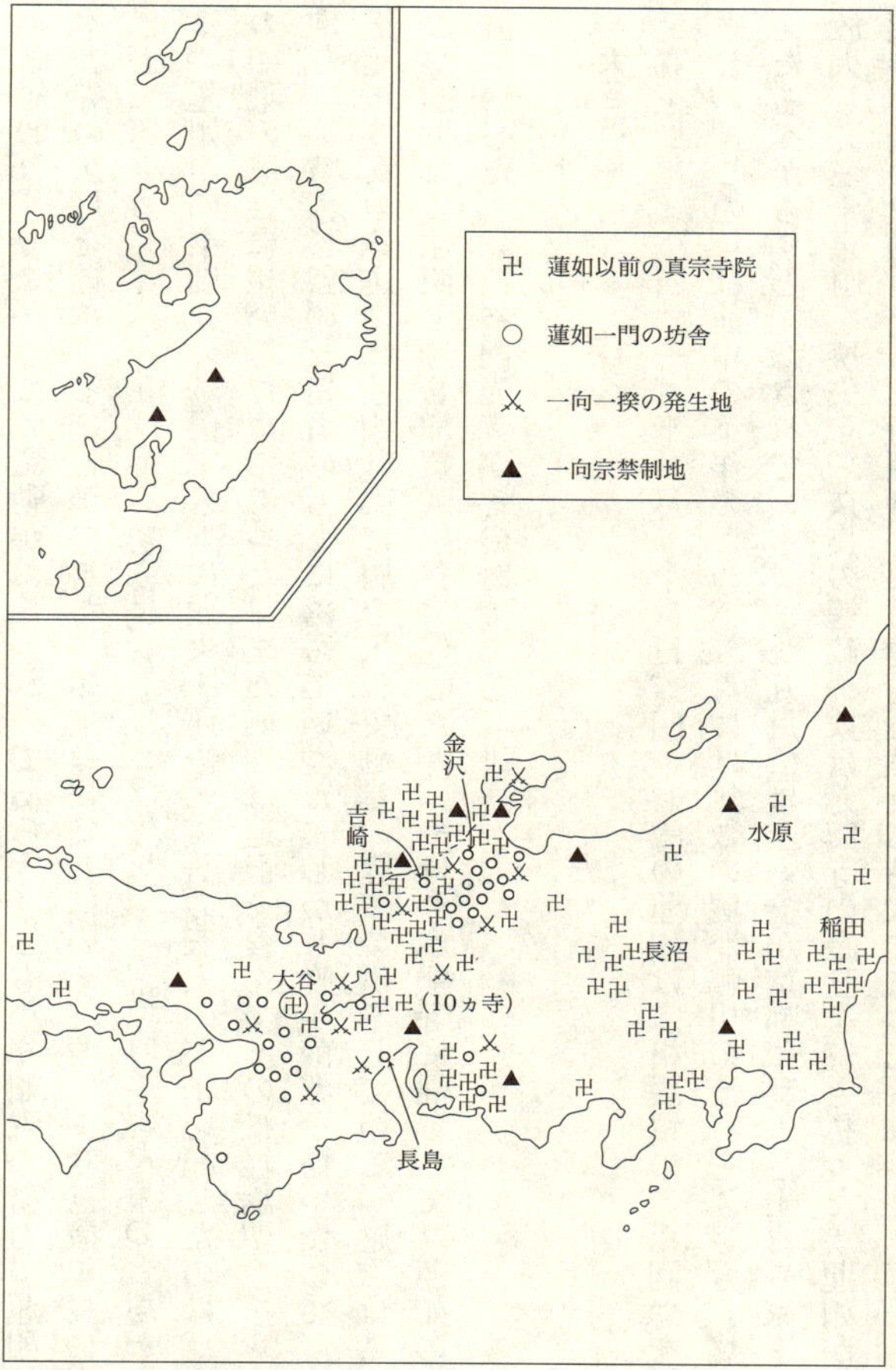
卍 蓮如以前の真宗寺院
○ 蓮如一門の坊舎
╳ 一向一揆の発生地
▲ 一向宗禁制地
金沢
吉崎
水原
稲田
長沼
大谷
(10ヵ寺)
長島

室町時代の真宗寺院

のと思われ、そこからこの騒動がおこったのであろう。ともかく如乗の努力で蓮如は本願寺の法灯を継承することができた。如乗は叔父とはいえ、蓮如より三歳年長に過ぎず、幼少のときから共に大谷で育ったところから、この措置に出たものと思われる。蓮如が如乗創立の二俣本泉寺に蓮乗《れんじょう》・蓮悟《れんご》・実悟《じつご》の三人の実子を配したのは、この如乗の恩義に報いるためであった。また如円は遺恨を含んでその夜経論聖教を奪い取り、加賀大杉谷の支持者のもとに落ちていった。しかし晩年前非を悔いたので、寛正元年彼女の葬送には蓮如は輿に肩を入れて御堂の庭まで供奉《ぐぶ》している。応玄はこのち遁世して蓮照と号し加賀大杉谷に住したが、やはり本願寺に帰参して、蓮如の一流に帰した。大杉谷円光寺がその跡である。

大谷破却

寛正二年（一四六一）十一月二十八日、四十七歳の蓮如は宗祖親鸞の二百回忌を厳《ごん》修《しゅ》した。この年は前年の不作のため、二月には無数の屍が鴨川の流れをふさぎ、腐臭あたるべからずと記録されている。また九月には土一揆が京都に乱入し土倉や家々に放火して三十余町を焼失し、奈良の徳政一揆は元興寺の金堂を焼き払った。蓮如が本願寺興隆の大願を発した時期はかかる物情騒然たる時代であった。

蓮如は存如時代から聖教を書写して門徒に下付していたが、四十三歳で住持職をつぐと聖教書写によって懇志を受けることから進んで、積極的な布教に乗り出した。この地方教化の対象となったものはまず近江の門末で、長禄三年には野洲《やす》南郡善性門徒の善崇に、翌年には仏光寺から転じた堅田《かたた》法住にそれぞれ十字名号の本尊を下付した。古く存覚が教化したという赤野井・荒見・山賀・三宅・金森《かねがもり》・手原《たわら》にも本尊を下付している。山賀の道乗はもと錦織寺門末で本願寺に転じたものである。このほか三河・摂津にも教線を展開させ、寛正二年（一四六一）九月、三河佐々木上宮寺如光に十字名号（紙本墨書）を下付した。如光は文明頃すでに三河・尾張・伊勢に百余ヵ所の門末道場をもち、東海道における本願寺教団の一大中心となっている。この寺は蓮願にはじまり蓮知・順如・如全・如光と伝えられたもので（如光弟子帳）、如光が蓮如に従うまでは桑子妙源寺下寺で高田門徒であった。また同年蓮如は安城御影を修覆しているが、これはかつてこの御影を伝持した三河願照寺（専信坊開基）が本願寺教団に参加したことを示しており、同寺もまた高田門下であった。和田勝鬘寺、野寺本証寺など三河の高田門下の有力寺院なども、これにつづいて加わってきた。また寛正四年摂津柴島の法実（万福寺）が相伝する「日本血脈相承真影」に裏書きしているが、この連座像は仏光寺系のもので、仏光寺門末であった法実《ほうじつ》が蓮如に帰依して、その伝来の連座像に本願寺の確認を求めたものと解釈できる。このころには本願寺が親鸞の正統な血脈相承者であるとの認識が一般化し、地方坊主はその権威によって親鸞門徒たることの再確認を求め、大坊下寺は直参《じきさん》となることによって寺格を高め門末の獲得に努力を傾けたのである。

このような本願寺の活況は、本所である比叡山の反感を買うにいたった。寛正六年正月八日西塔院勅願不断経衆集会は、本願寺が「一向専修の張行を興し」、「三宝誹謗の僻見に堕し」、「無礙光と号して一宗を建立し、愚昧の男女に勧め、卑賤老若に示し」たため、「在々処々村里閭巷《りよこう》、群を成し党を結び、仏像経巻を焼失し、神明和光を軽蔑し、邪路の振舞眼を遮り、放逸の悪行耳に盈《み》つるにいたった。かくては神敵・仏敵であり、正法の為、国土の為、誡めないわけにはいかぬ。去年本願寺を「切断」すべきところ青蓮院門跡の「口入《くにゆう》」で、本願寺の弁明を容れたが、事態はいよいよ悪化するばかりであるから、公人《くにん》・犬神人《いぬじにん》等に寺舎を撤却させると本願寺に牒したのである。そして八月十日山法師・祇園犬神人・馬借《ばしやく》等百五十人ばかりが祇園社に閉籠し、翌十一日に押し寄せ、堂舎を破壊し財物を奪い取った（経覚私要鈔）。公人とは鎰取《かぎと》り・都維那・専当等を指し、祇園社にも叡山にもいるが、多くは叡山の公人で、これが祇園社の犬神人を指揮したものであろう。馬借は大津・坂本のそれで、当時馬借発向には多く叡山の後援があった。

　本願寺では噂を聞いて近国遠国へ通報したが、よもや今明日ではあるまいと思って門の番衆十余人ばかりが、門を閉ざさず昼寝をしているところへ乱入されたものである。すなわち本願寺は昔日のように青蓮院にすがって陳謝をくり返す態度を改め、山門相手に一戦を決意したもののようで、ただ油断に乗ぜられたものにすぎない。この本願寺の強気は近江等に門徒を獲得したところから来ているものであろう。蓮如から早打《はやうち》に接した堅田門徒は腹巻武者八十人以上、その勢二百余人が逢坂を上り粟田口へ馳せ参じている（堅田本福寺記録）。この間蓮如は近所の定法寺（青蓮院院家）へ避難し、長子順如は御堂衆正珍が蓮如と間違えられ捕えられたあとから「スナスナト」本願寺を退去した。そして堅田法住門徒「イヌケノ尉」以下番衆の奪戦によって一応乱入した悪党共を追い出すことができた。

　しかるに本願寺の老衆（幹部）は、何時までも警備態勢をとるわけにはいかないので、和平交渉に入ることとした。山門では本願寺が邪義邪法であるとしているので、一流相伝の勧化《かんげ》、真実正路《しょうろ》の化導、三国伝来の高祖の論釈を述べることとし、宗論を闘わす適任者を選任しようとしているところへ、乱入した悪僧等は過分の礼銭を出せば山門の方は無事に扱うと本願寺に申し入れた。ここで本願寺に硬軟両論が生ずるが、蓮如は礼銭を納めることを拒否し、自信のほどを見せている。しかしその時、三河佐々木の上宮寺如光が上洛し、蓮如に呼ばれて「山門モ京都モ、礼銭ヲホシカラバ、料足ハ三川ヨリ上セ、アシ《（足）》ニフマセ申スベク候」、邪正を分別するのではなく金銭が目当てであるから扱いやすい、「ワタクシウケトリ申ス」と礼銭に定め、諸勢をひかせてしまった。この仲解は定法寺が行ない、本願寺は三千疋（三十貫文）の「一献銭」（酒代）を納めたといわれる（経覚私要鈔）。

蓮如は定法寺から金宝寺・室町等に居を移し、存如の知友経覚前大僧正は、その安否を気遣い、三月摂津にいるらしいという情報を入れている。三月十八日頃には河内久宝寺《きゅうほうじ》にいたようである。ところが三月二十一日犬神人等は再度大谷を襲撃し、ここに本願寺は完全に退転し、坊舎は犬神人等に与えられることとなった（建内文書）。これはさきの和談が蓮如も関知せず、山門にとっても満足なものではなく、仲介した定法寺と、祇園閉籠衆側との間に成立したもので、近江門徒等強硬派も承服しないものであったからであろう。近江では依然として山門との間に激闘が続けられていたのである。

文正元年（一四六六）頃、東近江衆は金森に集結し、そこへ守山の日浄坊《にちじょうぼう》なる山門方が来襲し、日浄坊は金森道西《どうさい》・赤野井慶乗（大夫）・堅田衆等と戦って討ち取られたが、このころ近江にあった蓮如の厳命で門徒軍は城に火をかけて解散し、八十人ばかりは一応堅田に退いて南方北国へ亡命してしまった。『親元日記』（寛正六年二月二十一日）には幕府被官の山徒は山上の下知に応ずべからずと触れており、また山門の違乱を禁ずる奉書が三月二十四日に発せられている（蔭涼軒日録）。従って叡山の非法に対して幕府の禁制が加えられ、しかも山僧方の圧迫は続行されていたと見るべきである。幕府近臣伊勢貞房《さだふさ》の女如了・蓮祐ともに蓮如の妻であり、日野勝光《かつみつ》は本願寺の一門で宮廷に勢力を振るっていたから、本願寺の立場は決して弱くはなかったのである。しかし蓮如は金森・高野・安養寺・手原・荒見《あらみ》・中村・赤野井・三宅等野洲・栗太両郡の道場を転々とし、一方山門は乱暴狼藉を逞《たくま》しくし、礼銭礼物を吹きかけ、理不尽の沙汰をなし、「帰命尽十方無碍光如来」の本尊をひきまくり奪い取って諸門徒を苦しめたといわれる（堅田本福寺記録）。

金森の停戦につづいて堅田法住も八十貫文の礼銭を堅田大宮の鳥居の前に積み上げ、山門根本中堂に入って懸河の弁を振るい、十字名号の本尊を正面にかけてその免許を得た。礼銭を出さなかった雄琴《おうこと》の掃部などは、山へ召し上せられること十七度、雑物をことごとく取られてしまった。

こうして蓮如＝近江門徒と山門との抗戦は終わり、応仁元年（一四六七）三月、京都の大乱をよそに和談が成就した。本願寺を代表して光養丸（実如）は西塔北谷正教坊を本坊とし釈迦堂へ毎年三千疋、下間筑前は西塔西谷西覚坊、法住の本福寺は東塔北谷覚恩坊の末寺というように、横川《よかわ》飯室の松善院の斡旋で末寺銭を年々納めることになった。

この本願寺危急存亡のとき、仏光寺は妙法院門跡の口入で、「法類各別、当門跡の候人」ということで難を免れた。また高田専修寺の真恵は、当寺は一向専修念仏の本寺として祖師の掟に背かず、法流を弘通してきたもので、無碍光の愚類と異なることを申し開き、寛正六年七月山門の安堵状を得た。ここから専修寺と本願寺とは、ともに親鸞の一流でありながら、血で血を洗う抗争をくり返すのである。そして山門の弾圧は覚如以来「帰命尽十方無碍光如来」を安置する本願寺門徒に向けられたため、蓮如は無碍光宗と呼ばれるのをきらい、以後十字名号を廃して、多く「南無阿弥陀仏」の六字名号を下付している。山門と和して専修寺と対決することに彼は決戦正面を変換したのである。

応仁大乱と吉崎占拠

細川勝元と山名宗全《やまなそうぜん》、畠山・斯波《しば》両管領家の内紛、将軍家の継嗣問題などから、応仁元年正月御霊社において十年にわたる大乱が勃発したことは有名なことである。この時将軍義政《よしまさ》も夫人富子も実子義尚《よしひさ》も、ともに山名宗全に味方すべきが当然なのであるが、開戦半年の六月、室町御所は山名討伐を令して東軍支持を明らかにし、逆に義《よし》視《み》は細川のもとを去って山名軍に擁立せられることになってしまった。

蓮如は当初義政と義視の両方に通じていたが、形勢がかく変化すると室町御所＝細川方支持の態度を明らかに示してくる。もちろん彼は宗教家であって政治の前面に登場するものではないが、近江では北方の京極持清《きょうごくもちきよ》と南方の六角高頼《ろっかくたかより》とがそれぞれ東軍西軍に分かれたため、山門や堅田門徒等は東軍＝京極方と握手した。そこで蓮如は生身御影を奉じ江南の戦野を避け、赤野井から湖上を渡って十一月堅田に下向した。この法住道場でこの年の報恩講は厳修されている。当時蓮如は誰のところへも雑作なくでかけたが、その礼銭は丁寧にして三貫文、少なくて一貫五百であり、米一石一貫としても相当な謝礼を得ていたわけである。こうした堅田門徒に依存する生活も永くは続かず、翌応仁二年三月堅田大責《おおぜめ》となった。これは堅田衆が湖上で海賊を働き、花の御所造営の材木、公方御蔵奉行籾井方の財物を奪ったため、籾井より山門に触れて山門衆徒の攻撃を受けたものである。堅田では沖の島に財宝・老人婦女子を置いて戦ったが、東西南北味方するものもなく、今堅田まで敵に廻り、火をかけられて敗北した。蓮如と親鸞影像はこれに先立ち、二月十二日御座船に乗り坂本七ケの関を突破して、大津浜道覚（法住門徒）の道場に入った。そして文明元年、三井寺満徳院の尽力で、近松寺のかたわらに御坊を建立し、御影を安置した。これがのち顕証寺《けんしょうじ》となり、現在近松別院となったものである。

この近松御坊建立に先立ち、応仁二年蓮如は四月奈良に赴き、ついで東国に下向し、五月には三河応仁寺を建てている。同年九月大津に還り、十月高野山に登り、十《と》津川《つがわ》・吉野を踏破した。翌年近松坊舎が成り、蓮如は四年間の流寓の末、初めて安住の地を得たが、彼はエネルギッシュな活動家で、文明二年六月堺南庄紺屋道場（慈光寺）に蓮如寿像を、同十月堺北庄山口中町の樫木屋道場（真宗寺）に絵伝を下付し、堺に教線を拡大している。ところがこの年十二月蓮如の第二番目の妻蓮祐尼がなくなり、これに落胆したためか彼は北国遊行を企てた。

もちろん蓮如の北向は妻を失った悲しみで説明できるものではない。彼は妻が死ねばすぐに新しい室を迎えている。彼の北向は彼なりの打算があったはずである。そこで応仁の乱の戦況を見ると、近江では文明二年八月京極持清が死に、多賀高忠《たがたかただ》は敗走した。つまり後々まで本願寺を苦しめた六角高頼が江南を制圧しはじめたのである。かような近江での戦況不利に対し、越前では大きな変化が生じつつあった。細川勝元の朝倉敏景《あさくらとしかげ》の抱き込みがこれである。

越前守護斯波義廉《しばよしかど》は西軍の一翼を担っていたが、実質的には甲斐政盛《かいまさもり》と朝倉敏景に擁せられていた。甲斐は朝倉よりも格式ではすぐれていたが、実力では敏景は政盛にまさっていたようで、政略に長じた細川勝元は早くから敏景を自己の陣営に寝返りを打たせようとしていた。応仁の乱初は能登畠山義統《よしむね》・加賀富樫幸千代《とがしこうちよ》・越前斯波義廉等いずれも西軍で、東将畠山政長《まさなが》＝神保長誠《ながのぶ》は領国越中からの補給も意のごとくならず、京都の形勢は東軍に不利で勝元はわずかに花の御所を擁するにすぎない状態であった。そして今また近江で西軍の六角氏の勢威が確立してくると、勝元の政略は、能登守護畠山義統には管領職を、朝倉敏景には越前守護職を与える条件で東軍に属せしめ、これによって富樫政親《まさちか》（幸千代の兄）に加賀一国を握らせようとすることに集中された。文明三年（一四七一）五月、この計略は見事に成功し、朝倉敏景は越前守護職を手に入れると黒丸城より一乗谷城に移り、甲斐政盛ら西軍に対して戦端を開くにいたった。六月十一日宛兼雅書状では「越前国十之八九東方に成るべく候」、「加賀一国御身方《（東軍）》に参り候由広橋申候」（大乗院寺社雑事記）と言っている。北陸の形勢は一変したのである。

この形勢の変化は、細川に心を寄せていた蓮如にとっては好ましいものであった。

しかし大乗院の経覚大僧正（安位寺殿）は甲斐氏と親交していただけに、その越前所領河口庄細呂宜《ほそろぎ》郷下方からの上分を確保するためには、新事態に即応する手を打つ必要があった。経覚は細呂宜郷下方給主であり、「細呂宜算用状」（細呂宜郷下方引付）によると宝徳三年分年貢は三十貫文で、このうち五貫文は加賀御所すなわち経覚の付弟で小坂庄にいた尊範（尋実）に送られていた。しかも文正元年細呂宜郷別当職は和田本覚寺蓮光であった。隣郷溝江の専当は鯖江の天台巨刹長泉寺であるから、和田本覚寺の勢力がすでに長泉寺と比肩しうるまでに強大になっていることが知られると同時に、百姓が本願寺門徒となっている地帯では、真宗寺院を庄官に補任することが庄園領主の延命策となっていることが知られる。経覚の料所細呂宜郷下方の吉崎に蓮如が坊舎を構えたのは、まずこうした事情を考えねばならない。

蓮如にしても、一応本願寺教団の地盤であり、しかも要害で交通の便もよく、風光明媚で、加賀国が指呼の間にある吉崎が最適と考えたものであろう。とくに重視すべきは鹿島明神の鹿に誘導されて吉崎にいたったという伝説で、吉崎入江の真ん中にある鹿島はその明神灯が灯台の役割を果たしていたと考えられるが、ここには蓮如の子光闡坊蓮誓《れんせい》が住しており、これも吉崎占定の要素と考えねばならない。かく文明三年六月下旬から蓮如は吉崎に居を占め、七月下旬丘の上に坊舎も建立され、以後『御文章』を通じて、熱烈な教化が北陸諸国に行なわれることになる。『御文章』は鎌倉期以降勃興した仮名法語の形式をとるもので、真宗要義を簡明に説示し、門徒参集の際に読み聞かせることを目的とするもので、教説の普及・民心把握に著効を収めたものである。また朝夕の勤行での「六時礼讃」を六首和讃に改めたのも吉崎下向からであり、文明五年三月、『三帖和讃』に『正信偈《しょうしんげ》和讃』を加えて四帖として開板した。いずれもこの地方が三門徒派によって和讃が民間に広く行なわれていたためにほかならない。

吉崎の御山は淋しい丘陵であったが、ここに御坊が建立せられると多数の門徒が参集し、本坊を中心に多屋《たや》が百戸以上も設置せられ、山下には商家もできて寺内町を形成しはじめた。ここを中心に北陸教団は飛躍的に発展し、本願寺門徒は一大社会・政治勢力となるのである。

一向一揆の発生

文明四年八月、朝倉敏景は甲斐政盛を決定的に撃破し、越前での覇権を確立した。経覚は朝倉との連絡にいよいよ蓮如を必要としたが、それ以上に、年貢取立にあたって蓮如に依存せざるを得なかった。細呂宜郷下方の年貢は「本願院より申し付け候は〆、先づ以て国の儀相違なきの条、珍重々々」という状態であった。このことは貢納の主体である老百姓が門徒であるからには当然のことで、逆に真宗を奉じない領主に対しては、百姓は貢納を未進するということにもなる。加賀で西軍が優勢で富樫幸千代が守護であることは、本願寺門徒が反守護勢力となる可能性をもつということであった。

一方形勢の好転に乗じ、東軍の加賀守護富樫政親は白山山麓の山内庄に拠っていたが、文明四年加賀に敗退した越前の甲斐一党は幸千代派と合体して翌五年七月山内の政親を攻撃した。政親は朝倉へ、朝倉は幕府へ越中勢の救援を依頼したが（親元日記）、あえなくも一敗地にまみれ、甲斐党は翌月大挙越前へ侵入した。政親は敏景をたよって越前に亡命したが、ここで吉崎にあった蓮如と結びついたと考えられる（実悟記拾遺）。すなわち高田専修寺派を圧倒しつつ教線拡大に努力してきた蓮如は、加賀での外護者を政親に見いだしたのであり、本国を追われた薄命の守護大名と野心満々たる乱世の宗教家とは幸千代打倒の一点において握手したのである。

吉崎に要害が構えられ、加賀より高田門徒や武士の吉崎襲撃がなされたのは、政親が蓮如と結んだためである。もちろん蓮如の真意は局外中立であり、文明四年正月吉崎へ諸人の出入することを禁じ、文明五年十一月には十一ヵ条の制法を発し、諸神諸仏を軽んじ、諸法諸宗を誹謗《ひぼう》し、物忌みをなさず、念仏の日魚鳥を食し、深酒することや賭博を禁じている。また気候的悪条件に世俗的わずらわしさが加わったためか、帰京の心も動き、文明五年九月には藤島超勝寺まで引き移っている。しかし吉崎の多屋の面々が帰住を懇請したので、加賀山中温泉に遊んだのち、吉崎に帰った。このような蓮如に政親と提携し、応仁大乱の渦中に飛び込む決意をさせたものは、第一には政親を擁立して幸千代を討とうとする加賀の本願寺門徒の動きであり、第二には本願寺門徒を殺害し放火など悪行をなす幸千代と結ぶ高田門徒であり、第三には将軍家より政親支援の奉書が加賀百姓中に下されたことであった。

文明六年六月、美濃守護代斎藤妙椿《みようちん》は兵を率いて越前に来たり、朝倉・甲斐両軍を和解させ、ために幸千代は有力な味方をその陣営より失ってしまった。政親はこの好機を得て加賀山田に入り、富樫の嫡統・加賀根本守護たる地位を奪回しようとしたのである。山田は蓮如の実子蓮誓の光教寺のある江沼郡《えぬまぐん》六日講の中心で、要害の地でもあり、後年加州三ヵ寺の一つとなったものである。柳氏本『御文』によると蓮如は加州門徒に政親支援の土一揆を指令したことにつき「百姓分ノ身トシテ守護地頭ヲ対治セシムル事本意ニアラザル前代未聞之次第也」としながらも、「仏法ニ敵ヲナシ」、土民百姓が年貢所当を沙汰するひまに、「後生ノ為ニ念仏修行セシムルヲ、一端憐愍コソナクトモ、結句罪咎ニ沈メ、剰《あまつさ》ヘ誅罰ニ行フ」という幸千代丸方の態度であるからには、山内方（政親）と同心してかかる謀叛を企てるのは誠に道理至極であると言っている。ことに幕府より奉書が下された以上は「身ニ於テ今ハ私ナラヌ次第」であり、本来このようなことは望まざるところであるから、今回限りで自今已後かかることは企つべきではないとしている（佐々木求巳「新出御文集に就いて」）。

この決戦は文明六年七月二十六日に始まり、政親方には本願寺門徒と山川・本折《もとおり》・槻橋《つきのはし》ら国人と白山宮衆徒が参加し、幸千代方には高田門徒と額《ぬか》・沢井・阿曾・狩野・小杉ら国侍が加担した（白山宮荘厳講中記録）。このとき八田《やた》惣庄《そうしょう》の本願寺門徒は「仏法当敵責失、廉直之為弓箭」つまり仏敵退治の正義の戦いとして、侍分とともに土合に籠城奮戦している（中院文書）。また『大乗院寺社雑事記』には無碍光宗と号する一向宗土民と侍分が争い、侍分はことごとく国中から追放され、一向宗方二千人ばかりが打たれた。東軍の政親はこの機会に国中に打ち入ったが、加賀を保持することができないと記している。ここではこの合戦の主役は、一向宗であると伝聞されているのである。こうして十月十四日幸千代の居城蓮台寺城が陥り、十一月幸千代は京都に亡命し鎮静に帰した。蓮如は「加賀国ノ守護方早速ニ此《かく》ノ如ク没落セシムル事、更ニ以テ人間ノ所為ニ非ズ、是併《これしかし》ナガラ仏法王法ノ作《な》サシムルトコロナリ」とし、今後はいよいよ仏法に心を入れ、弥陀の本願を信じ、「守護地頭ニオイテハ公事ヲマタクシテ疎略之思ヲナスベカラズ」と諭している（柳宗悦氏蔵御文）。

しかし蓮如の希望も空しく、加賀門徒は戦勝に乗じ、「寺社ノ領知諸免田年貢無沙汰」（白山宮荘厳講中記録）の有様で、神社や高田派そのほかの寺院を襲撃し改宗を強制した。越前中川西光寺（高田派）もこのとき加賀から亡命したといわれる。当時加賀の郷里に帰った一禅師は一妄男子（蓮如）が一向宗と号し、百姓を煽り、諸宗を排毀《はいき》して己が党とし、「守吏を殺掠《さつりゃく》し賦斂《ふれん》を剽奪す、その勢遏《とど》むべからず」とし、一向宗を元《げん》の名蓮社の無碍光説の亜流だといっている（翰林葫蘆集《かんりんころしゅう》）。富樫政親が加賀一国を確保するためには、この一向衆を鎮圧せねばならず、本願寺門徒が年貢公事を廃棄せんとするならば、やはり守護勢力そのものを打倒しなければならない。ここに政親は槻橋近江守の言を容れて本願寺派の国侍を退け、教団への圧迫を開始したのである。

文明七年三月下旬まず土一揆が起こり、鎮圧されて越中に退却した。ところが亡命した門徒は吉崎蓮如にすがって加賀に帰住しようとし、洲崎・湯沢の両使を吉崎に派遣したが、蓮如の側近下間安芸蓮崇《れんそう》は逆に蓮如の命として門徒を激励し戦端は再び開かれた。『鎌倉大日記《かまくらおおにっき》』にも同年六月加賀国土民一揆が起こり「寺社等兵火のため炎上す」と見えている。文明十四年八月仏光寺経豪が蓮如のもとに走ったとき、山門は「近年加州の躰たらく、国務の重職を追伏せ、無主の国となし、土民の族《やから》遵行を致し、武将守護職同輩の所存を挿む」とのべている（仏光寺文書）。加賀一国ひいては北陸諸国を本願寺一色で塗りつぶすかどうかという決戦が、この一向一揆であったのである。しかし蓮如も順如ももとよりその渦中に入る勇気をもたなかった。所詮彼らは長袖《ちょうしゅう》に過ぎず、文明七年八月二十一日、門末を捨てて吉崎を脱出し、海路若狭へと去ったのである。そして加賀の一揆は翌年鎮静したようで富樫幸千代も帰国のチャンスが到来したと喜んでいる。将軍義尚の奉書が文明九年閏正月と二月に蓮如に下され、一揆の侵奪した所領は本所領家に還付されたが、やがて国一揆は越中にも波及し、文明十三年瑞泉寺を中心に一向一揆の勃発となるのである。

山科本願寺の建立

吉崎から若狭小浜に上陸した蓮如は丹波路を経て摂津に入り、河内出口《でぐち》に住して教化に当たった。この出口坊舎は近在の光善の取り立てたものであるが、のち蓮如は長子順如にこの光善寺を相続させた。ついで摂津富田《とんだ》にも坊舎（教行寺）が、堺にも信証院《しょういん》が建てられた。このように近畿各地に足場を固めつつ、文明十年になると蓮如は山科《やましな》に居を移し、本願寺の再建にとりかかった。山科野村郷は醍醐三宝院領で、寺地は山科西宗寺の祖浄乗《じょうじょう》（海老名五郎左衛門）の寄進したものである。建物は堺から信証院のそれを移し、ついで馬屋等を構え、翌十一年夏から寝殿の造営にかかった。

御影堂は河内門徒に吉野の木材を運ばせ、文明十二年八月仮仏壇に絵像の親鸞影を安置した。翌日朝廷は奉加として香筥《こうばこ》を下賜し（御湯殿上日記《おゆどののうえのにっき》）、十月には日野富子が本願寺を訪問、御影堂を一覧した（拾塵記）。「生身御影」は大津にあったが、十一月山科に移し、遠近の門徒が参集して御正忌を厳修した。大津近松の真影を移したときは、三井寺の大衆は真影によって当地が繁昌しているという理由で遷座に反対したといわれる（拾塵記）。翌文明十三年には大門と阿弥陀堂ができ、十四年には御影堂の大門を立柱し、四方に堀をめぐらし松を植えた。外郭には下間屋敷と興正寺が建てられている。

このように山科本願寺の諸建築は文明十五年には一応整備され、「庭座敷の体目を驚かすものなり」とか「美麗超過」（永正十七年記）とか、「寺中広大、無辺荘厳只仏国の如し」（二水記）と評せられた。応仁の乱で京都が灰燼に帰していたため、よけいに人目を驚かせたものと思われる。そして門徒の参集から境内を中心に寺坊や商家が建ち、やがて寺内六町へと発展し、洛中に異ならずと称せられるほどの繁栄を来したのである。仏光寺経豪《きょうごう》（興正寺蓮教）や毫摂寺善鎮《ぜんちん》（正闡坊《しょうせんぼう》）が本願寺に帰依したのもこの頃で、明応二年には錦織寺勝恵（勝林坊）も本願寺に帰入した。今や本願寺は名実ともに真宗の本山となり、本願寺住持は法主となったのである。

延徳元年（一四八九）、蓮如は七十五歳で職を実如《じつにょ》（三十三歳）に譲り、南殿（隠居所）に隠退した。その夜彼は「功なり名とげて身退くは天の道とあり、さればはや代をのがれて心やすきなり、いよ〳〵仏法三昧までなり」と言ったという（蓮如上人行実）。大谷廟所を地上の極楽にまで発展させた蓮如の心ゆく思いを察すべきであろう。こののち蓮如は河内出口・摂津富田・和泉堺・近江堅田などを往来し、教化に努め、実如を指導した。そして明応五年（一四九六）摂津東成郡生玉庄大坂に坊舎を建立した。大坂御坊がこれで、当時は家一つなき畠ばかりで生玉明神の宮寺である法安寺に境を接し、領主は相国寺であった。これが現在の大阪市の起源となるものである。ここは北は淀川、東は大和川に囲まれた小高い丘陵で、景勝の地でもあり要害の地であると同時に、瀬戸内海に通ずる交通の要点でもあった。蓮如はここで生涯を終わる覚悟であったが、心境の変化から明応八年二月山科に帰った。三月九日実如・蓮綱・蓮誓・蓮淳・蓮悟の五子を呼び、自らの生涯を語り、兄弟仲よく談合していけば一流は繁昌するであろうと訓示している。こうして二十五日眠るがごとく往生し、偉大なる八十五年の生涯を閉じたのである。

蓮如と真恵

高田専修寺が大谷本願寺に対して当初優位の立場に立ちながら、寛正以後門末を本願寺に奪われたのは何故であろうか。とくに高田には真恵《しんね》が現われ、蓮如と同様に坊主と門徒という教団の二重構造の認識の上に、坊主分を抑制し本寺へ門末を結びつけようとしていたし、北国布教は蓮如の北向よりはるかに以前であった。そこでこの両者の比較は蓮如の能力と役割をより鮮明にしてくれるものと考えられる。

第一に本願寺は京都にあり、日野↓九条流の公家と早くから結びついていた。しかし専修寺は下野にあり、真恵はこれを伊勢一身田に移したものの、仏光寺などよりも不利な地理的条件にあった。田舎の通例として都は憧れの的であり、しかも本願寺は親鸞の遺骨・影像を擁し、住持は血統を伝持しているが、専修寺は師資相承を建前とし実際には大内氏の血統が伝えられたにすぎない。真恵が飛鳥井家の出自であるとしても、日野勝光の公武における勢威には比すべくもない。とくに親鸞の崇拝という真宗の基本的特徴と正しい血統の尊重という封建社会の慣習を考えるとき、専修寺は著しく不利であったと言わねばならない。

第二に蓮如は二十七名の男女子があり、その一門はいずれも多産系で、数多の一族子弟を各地の寺院に配置し、女子を配し、相互に近親結婚をくり返しつつ一家衆を成立させ、これを核として大教団を作ることができた。これに対し真恵には実子一《応真》、養子一《真智》で、それさえも越前熊坂と伊勢一身田とに分かれて相続争いをする有様であった。こうした点からも師資相承の建前を取らざるを得なかったのであるが、とくに一門一家という藩屏を欠如したところに専修寺の弱点があったようである。

第三に教義の面で、専修寺派はそれが古い由緒を持つだけに、神仏習合的要素や、旧仏教寺院の遺制が残っていた。覚如や蓮如の粛清を経なかったからである。組織の面から見ても各大坊の独立性が強く、専修寺を本寺として崇拝する観念は薄かった。真恵が本寺への直参を勧めたとき、伊勢の小坊主は真恵に従ったが、越前・三河の大坊主はこれに反抗し、真智・応真の対立の誘因となったのである。蓮如が大坊下寺に対し一応本末関係を公認しつつ、名号・絵像本尊を下付して道場や一寺に取り立てるという方法を採ったのと比較して、真恵は大坊の組織をそのまま本寺の下に置こうとしたもので、大坊の壁はついに破れなかったのである。

第四に蓮如は生い立ちからしても平民的であったが、真恵には貴族的な、学究的な面があった。蓮如の山科本願寺では、東山本願寺にあった上壇・下壇の区別を撤廃し、平座で民衆に接することとし、威儀を本とせず、「仏法を御ひろめ御勧化につきては、上﨟ふるまひにては成べからず、下主ちかく万民を御誘引あるべ」しと諭した。「身をすて丶平座にてみなと同座するは、聖人（親鸞）の仰に、四海の信心のひとはみな兄弟と仰られたれば、われもその御ことばのごとくなり」というのが蓮如の信念であり、「おれは門徒にもたれたり」「ひとへに門徒にやしなはる丶なり」という彼の自覚によるものであった。彼にとって門徒は「一大事の御客人」で、上洛してきた門徒には、寒天には酒に燗をさせ、炎天には酒を冷やさせて出し、門徒に出す食事にはことに注意したといわれている。

このように「如来の御代官」であり、一家衆と門徒とは食器まで厳重に区別したという優越意識を、平民的態度でカモフラージュする蓮如の柔軟さに対し、真恵は公家の出自で、貴族意識から、覚如のように大坊主の直接的抑制をはかった。蓮如も大坊主の不信心・才能の不足・物取り主義（施物だのみ）・大酒を責め立て、講中の運営にまで干渉しているが、彼には門末の支持という大きな背景があった。真恵の専修寺本山化は、本願寺のそれよりも数十年の立ちおくれがあるが、こうした民衆教化に必須の要件を具備しなかったところに限界があったのである。

第五に専修寺派は本願寺への対抗意識から、一向一揆には守護大名側に立つのを常とした。ところが門徒一揆は郷村勢力と武家勢力との対抗関係を基底にもっているものであるから、大谷破却のとき真恵が山門と妥協したり、永正三年の一揆に越前の高田派寺院が天台・真言とともに朝倉方となったりしていることは、農村門末の離反と本願寺への帰投を促す結果となってしまった。百姓は自分達の宗教であるかどうかについては極めて敏感であったのである。

2　本願寺教団の確立

実如の性格と細川政元

実如は蓮如の作り上げた大教団を維持し充実する守成の任務に適した英僧であった。彼は父のしたことなら、庭木一本といえども勝手に動かさないといった性質で(蓮如上人行実)、蓮如が家督を譲り渡そうとした時も固く辞退したので、蓮如は世俗でいえば親不孝、仏法においては師匠の命に背くことだと無理に押しつけた。このとき実如は文盲の身で門徒を教化できないことを理由としたので、蓮如が五帖の御文を渡し、これに実如の花押をすえて天下の尼入道に下付せよと教えたという。また実如の長子光円の得度の時も、我が身さえ隠居したいのに、我が子に開山聖人の家を継ぐ器量はないといって辞退している。その謙譲な人となりを察すべきであろう。

当時本願寺の勢威はようやく公武の間に重きをなしてきた。蓮如の時期にも、七女祐心尼は神祇伯資氏王に嫁して雅業王を生んでおり、六男蓮淳《れんじゅん》の妻は滋野井教国の女であった。しかし本願寺一門は穢れを忌む慣習を無視したため、資氏の発狂は一向宗息女《めと》を娶り、神職の身に汚穢不浄を混合した結果であると非難された（後法興院政家記）。実如の時代になると北は夷島《えぞ》（北海道）から南は九州までの全国的発展を基底《じ》に、公家衆の帰依もいよいよ多くなった。『忠富王記』（明応五年九月）には、近年地下《げ》の仲間に一向宗が充満したことを難じ、念仏を唱えるのを嫌うのではないが、彼等は死穢三十ヵ日を忌まず、社家中を往来し諸人を汚すので言語道断だといっている。神祇に仕える立場や上流公家から嫌われても、滔々《とうとう》として下級公家である地下衆に教線を伸張させていった有様が窺われる。

公家武家との往来もまた頻繁になった。永正元年（一五〇四）には将軍足利義澄《よしずみ》が本願寺に赴き、翌日の夕方帰っている（実隆公記）。また一向宗の民部卿が加賀へ下向するので、菊亭家で送別の宴をはり、これに鷲尾・庭田・花園の諸卿が参会し終日飲みくらした。茶の湯・蹴鞠《けまり》の催しにも一向衆と公家衆との交歓が見られる（二水記）。本願寺は今や「在家下劣輩」ばかりではなくなったのである。このような本願

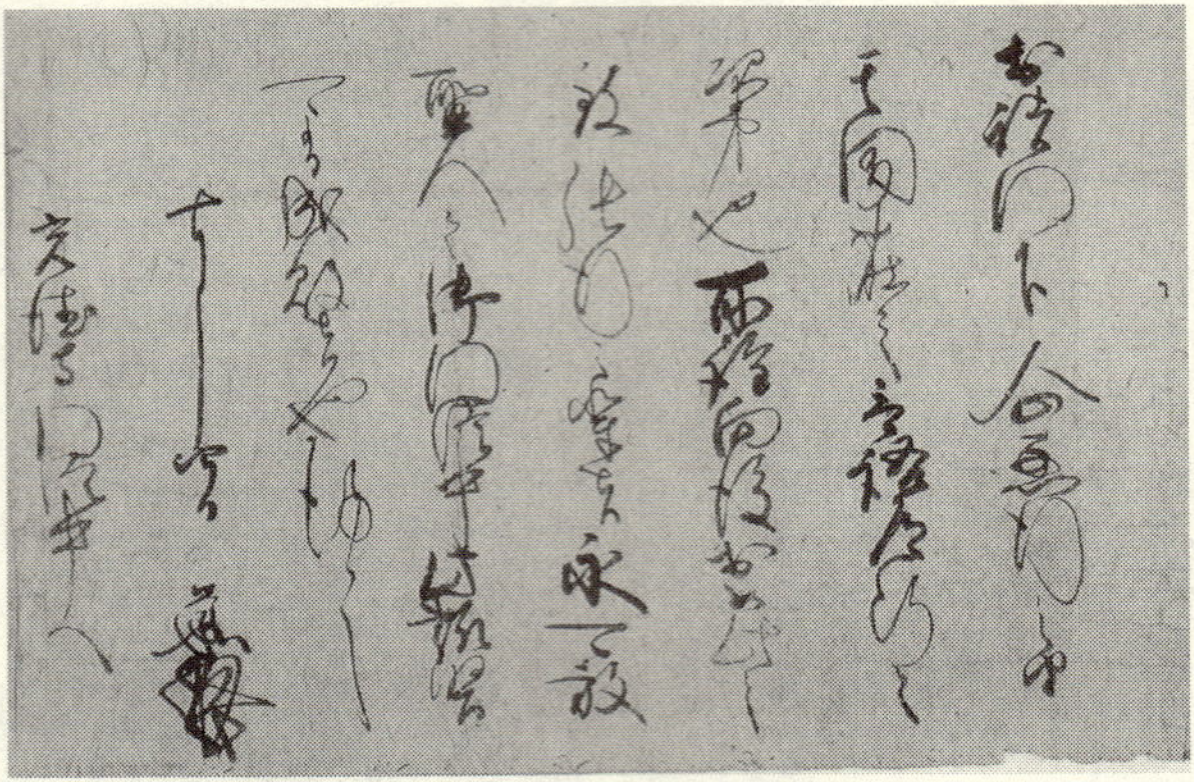

長享２年蓮如お叱りの御書（石川県七尾市　光徳寺蔵）

寺の地位の上昇と安定とが、実如の温和な資質と相まって守成の方向をとらせたのであるが、激動する戦国社会の荒波は容赦なく本願寺に押し寄せ、公家・武家と門徒とのぬきさしならぬ対立に本願寺をまき込むこともあった。細川政元《まさもと》との交遊のごときはその一つである。

　政元は細川勝元（竜安寺殿）の子で、勝元が臨終のとき「われ死すとも、小法師（政元）があるほどに、家はくるしかるまじきぞ」と嘱目《しょくもく》した英材である。父の歿後管領となり、「半将軍の様に」威勢を振るい、蓮如のころから本願寺の有力な外護衆つまりパトロンであった。長享二年（一四八八）加賀の本願寺門徒が富樫政親を高尾城で滅したとき、政親が将軍義尚《よしひさ》の六角征伐に従っただ一人の大名であっただけに、義尚の怒りは大きく、蓮如に加賀門徒の破門を強硬に迫った。蓮如は加賀在住の諸子を召して善後処置を協議したが、その時「何事をもしらざる尼入道の類のことまで思召せば、何とも御迷惑此事にきわまる」と言い「御身をきらるゝよりもかなしく」思ったといわれる（実悟旧記）。ところが政元は「われにまかせよとて、これ《（本願寺）》とか《（加賀）》の門徒の中をなをし、永代の御門徒のよしまで申し沙汰」した。加賀門徒は本願寺の生命線で、これを叱りおく程度ですませることができたのであるから、蓮如は大いに政元を多としたのである。本願寺では政元を聖徳太子の化身で観音と八幡の申し子だとしている。

　文明七年一向一揆のとき、蓮如の吉崎退去の原因をつくった下間安芸法眼蓮崇は、蓮如の御座船に乗ろうとするとき、順如に蹴倒されて砂浜に泣き伏した。その後彼は細川政元を頼って蓮如に詫びを入れようとしているから、本願寺にとって政元がいかに大切な要人であったかが知られる。本願寺では表向きの客人は精進料理でもてなしたが、政元が深草瑞林院に、本願寺では魚物を食べると聞いて遊びにいくのに精進料理で困ると話したのを聞いて、再々来臨を願うため慣例を破ってまで魚物にしたといわれる。これは無論政元が将軍も及ばぬ威勢の人物であったためである。また深草の浄西寺という小児科の医僧は政元のお気に入りであったが、仏法も耳に入らぬ不信心者で、「我は今生の事は伊勢大神宮を憑申《たのみもう》す。後生の事は法印《（蓮如）》を憑申す」と言っていた。蓮如はことさらこの医僧と親しくして「浄西寺の後生は請取ぞ」と言っているが、これは将軍義政の寵妾春日局の後生を預かるといったのと同様に世俗的権威にとり入ろうとしたものにほかならぬ。ところが実如の代には、この後柏原帝即位無用論者で威勢限りなき半将軍政元が、本願寺に救援を求めて泣きついてくるのである。

永正の乱

細川政元は足利義材《よしき》（義尹《よしただ》）を追放し、義澄《よしずみ》を将軍として権勢をもっぱらにしていたが、文亀二年（一五〇二）以降義澄と隙を生じ、勢威も衰えてきた。永正元年（一五〇四）には摂津守護代薬師寺元一《やくしじもとかず》が政元に背《そむ》き澄元《すみもと》を擁し、赤沢朝経《あかざわともつね》もまた政元に叛した。しかも父祖以来宿敵同士であった畠山尚順《ひさのぶ》と畠山義英《よしひで》とは和睦し、政元を共同の敵とするにいたったのである。また義材に心を寄せるものには富樫稙泰《たねやす》・朝倉貞《さだ》景《かげ》・六角高頼・神保長誠《ながのぶ》・大内義興《よしおき》があり、政元に仕えていた朝倉元景《もとかげ》は兵を率いて加賀より越前に侵入したが、貞景に撃退されてしまった。薬師寺元一は淀城陥落して自殺し、赤沢朝経は翌年降伏したが、政元の頽勢は蔽《おお》うべくもなかった。とくに畠山義英の高屋《たかや》城・誉田《こんだ》城は赤沢らに攻撃させたが容易に落ちず、焦慮した政元は摂津・

河内門徒の動員を実如に依頼してきたのである。

実如は長袖の身であり、門徒に陣立てを申しつけたこともないと再三断わりつづけ、果ては政元が山科へ来ると大津へ逃げ出し、政元がまた大津へ追いかけるという一幕もあった。結局政元が威勢限りなき半将軍で、本願寺のことを色々世話してくれた人物であるので、摂津・河内の坊主衆・門徒衆に出陣を命じた。ところが両国衆は合戦をしたこともなく兵具もなし、「元より開山上人以来左様の事当宗になき御事候」と承知しなかったので、加賀から番衆千人ばかり召し上せて誉田城へ向かわせた。この事件がこじれて摂津・河内では実如を排斥し、大坂坊と堺坊を相続した実賢《じっけん》を法主に擁立しようとする運動が起こった。実賢が踏み切らなかったため、大坂殿は下間頼慶《らいきょう》以下二百人の討手を受け、実賢《じっけん》・母蓮能《れんのう》・実順《じつじゅん》（西証寺）等は牢籠の身となり、多くの門徒が破門された（実悟記）。これが「大坂一乱」で、河内守護畠山義英と河内門徒との旧来の関係が、河内衆・摂津衆をして実如に反抗させたものと考えられる。両国門徒が実如以上に温和であり、平和主義者であったわけではない。

畠山義英・尚順と細川政元の争乱に、実如が参戦に踏み切ったのは、幾多躊躇《ちゅうちょ》の果てであるが、この頃本願寺門徒である摂津天王寺衆・近江衆・越前衆・加賀衆・能登衆・越中衆は、反政元派の守護勢力（神保・椎名・長尾・畠山・朝倉・佐々木）に対して必死の苦闘を開始していた。加賀・越中・越前の北国門徒が蜂起し、長尾《ながお》能景《よしかげ》と能登守護畠山義元が弾圧を企て、朝倉貞景また甲斐・斯波と結ぶ越前門徒の国一揆を圧伏しようとしたためである。従って永正三年の大乱は、実如の意図如何に拘らず、摂津・河内より越後にいたる十余ヵ国において、本願寺門徒の運命をかけた一大決戦であったのである。

加賀若松本泉寺蓮悟とおぼしき僧侶は、左のような激越な書状を門徒中にあてて奮起を求めている。

志人数衆中覚悟

一筆申候、仍各存知之事にて候、能州之儀は仏法をたやし候べき造意を以て、数年長尾に申合られ、既に現形《げぎよう》の働にて候間、身にかゝり候あつ火にて候うへハ、御門徒と一日も名をかけられ候面々ハ、是を口惜共あさましきとも存ぜられず候人々は、真実ニなさけなき心中たるべく候、抑《そもそも》此たび往生極楽之一大事をとげたまふべき、かかるたぐひもなき弥陀の法をつぶされ候ハんずる事、千万々無念之至候間、我人年来の雨山之御恩徳かうぶり候報謝之ため、にこ〳〵にて身命をも捨て、馳走あるべく候事ハ、本望に非ず候哉、此時志之面々は、何時たりと雖も同心候

はゞ誠ニ難有候べく候、穴賢
三月十六日　　蓮悟(?)（花押）
志人数衆中
（相州文書所収、浦賀乗誓寺蔵）

能登畠山氏と長尾氏とが申し合わせて、仏法（真宗）を絶滅しようと企て働きかけてきたからには、身にかかる火の粉を払うため、喜んで身命を捨てよと呼びかけているのである。

かくて戦いは越中で始まり、新川郡井見庄の農民は土肥氏に抗して逃散《ちょうさん》した（鹿王院文書）。勢の赴くところ国一揆となり、三月越中諸士は一向一揆に追われて越後に亡命した。四月初長尾能景の越中征伐・加賀一向衆治罰が京都で取沙汰され、京都の越後衆も国に帰った。尋尊《じんそん》は「河合・両屋形無為たるべし、珍重々々」（大乗院寺社雑事記）と言っているから、河合八郎左衛門・富樫稙泰・同泰俊は義稙派である。加賀一向衆では洲崎慶覚《すざききょうがく》（金沢市慶覚寺祖）一派が政元派で、蓮悟・蓮綱・蓮誓等本願寺一門と結んでおり、長尾の討伐の対象となったのであろう。しかし長尾の越中侵入が行なわれるに先立ち、一向衆徒は神保・椎名・土肥等の押領した寺社本所領を四月には本主に還付することとしている（尚通公記）。六月二十一日尊海書状では「今度越中一変不思議之題目候、門跡領等大略御還著あるべき分候、時刻到来其憑ある様に候」と喜んでいる（実隆公記）。一向一揆は畠山尚順派の押領地を奪取し、領家直務《じきむ》地として地下《じげ》がこれを進退しようというのである。

つづいて加賀・越中の一揆は南下して越前に侵入しようとし、上口《かみくち》からは摂津衆天王寺弥二郎・壱岐《いき》美作《みまさか》守・森新四郎を大将とし、貝《(海)》津坊主衆・高島東の藤衛門・近松殿御内衆佐久良《さくら》宗久《むねひさ》らの近江衆が加わって越前に進撃した。朝倉貞景・教景《のりかげ》らは、まず国一揆を鎮圧して超勝寺・本覚寺・円宮寺《えんぐうじ》・本向寺《ほんこうじ》ら大坊主を逮捕して府中に連行し、九頭竜《くずりゅう》川に陣取って雲霞のごとき加越一揆と決戦を交えた。本流院・勝鬘寺・松樹院・称名寺など高田専修寺派ならびに三門徒派は朝倉方に加担し、門末を率いて参戦した。七月十七日朝倉方は大いに門徒軍を破り、ついで八月六日中ノ郷川渡河戦で教景は一揆を潰走させた。佐久良宗久・玄任次郎左衛門《げんにんじろざえもん》（石川郡西縁組旗本）らは討死をとげ、吉崎坊舎（本覚寺蓮光・蓮恵留守）・大町専修寺・超勝寺・本覚寺以下本願寺派寺院を破壊した。上口からの進攻軍は近江海津まで敗走したが、ここで土民軍に包囲され全滅の危機に瀕した。実如はこれを聞いて堅田本福寺明宗《みょうしゅう》に敗軍の収容を依頼し、明宗は数百艘の兵船をもって無事救出作戦に成功した（本福寺記録）。のち海津の浄賢は、この時の戦功を申し立て、本福寺門徒から本願寺直参に昇格運動をしているから、この越前進攻は本願寺への忠節であり、実如も関知しないはずはない。本願寺ではこの一挙を「具足懸始《ぐそくかけはじ》め」つまり軍事行動の端緒であると称している。敗戦のため本願寺と関係のないことになったのであろう。

越前における成功に刺戟されてか、長尾能景もまた越中に進撃し、新川《しんかわ》・婦負《ねい》を略取して一向一揆の本拠礪波《となみ》郡に入った。もちろん目標は加賀若松本泉寺である。加賀門徒また死力を尽くして未曾有の法難に対処し、越中より礪波山を経て加賀に通ずる蓮沼口の天険によって、最後の一戦を試みることとした。本願寺の命で飛驒白川照蓮寺や内ケ島雅氏《まさうじ》も援軍を派遣している（高山別院文書）。能景は勝ちに乗じて蓮沼の狭隘《きょうあい》な土地に迷い込み、ここでかねて門徒に志を通じていた増山城による神保慶宗《よしむね》（長誠嫡男守護代）の寝返りで退路を断たれ、礪波・五箇山・加賀の軍勢に討ち取られてしまった。九頭竜川の勝利が朝倉氏の覇権を確定させたと同様に、この蓮沼口の会戦は北陸門徒の死命を制するものであったが、能景討死の悲運にあって越後軍は故国に潰走し、教団は瑞泉寺・安養寺（勝興寺）の線を守りぬくことができたのである。

翌永正四年六月二十三日、細川政元（大心院）は養子澄之（九条政基子）・香西元

長らのため風呂場で殺害された。この報は即時本願寺に達し、翌二十四日未明実如は祖像以下財宝を船に乗せ、あわただしく堅田へ逃げのびた。政元と実如の結びつきの深さを見るべきである。実如は永正六年山科に帰ったが、こののち北国教団と越前朝倉貞景とは互いに宿敵となって加越闘争をくり返すのである。

教団の統制

朝倉貞景は永正九年になくなり、孝景《たかかげ》が継いだが、加越国境には水陸に関を設けて、北陸道を閉鎖した。このため北国からの年貢は京都に納まらず、公武ともに苦しんでいた。そこで幕府は永正十五年四月伊勢貞陸《さだみち》を越前に遣わし、朝倉孝景を諭して加越国境封鎖を解除させた。本願寺にも加賀門徒の鎮撫が命ぜられたのはもちろんで、ここに北国教団と朝倉氏との戦争状態は終結することになる。しかし越前を追われた藤島超勝寺・和田本覚寺・大町専修寺などの加賀に亡命した越前牢人にとっては、朝倉は宿敵であり、これを撃破して故国に還住することが彼等の念願であった。また井波瑞泉寺・安養寺など越中教団は、長尾為景《ためかげ》の復讐を顧慮しないわけにはゆかない。朝倉との和睦、実如の平和主義の受容には、北国教団としては無条件に賛同し得ないものも多かった。しかも超勝寺・本覚寺・専修寺は古くから一族・門末を北陸各地にもっている巨刹であった（本願寺文書）。

そこで実如はとくに「一二八攻戦防戦具足懸之事、一二八贔屓《ひいき》偏頗《へんぱ》之事、一二八年貢所当無沙汰之事」を禁ずる三ヵ条の掟を加賀に下した（今古独語）。これに対し加賀門徒は各在々所々で相談し、掟を遵守する旨の請文《うけぶみ》に連署し、翌永正十六年三月、雪解けをまって光教寺蓮誓が病気療治のため上洛するのに託して実如のもとに届けられた（反古裏書）。これは本願寺教団の膨脹の結果、これに対する統制もまた強化する必要のあることを示している。ところでこの掟は「去年若松を以て申下候つる、取分三カ条之儀申くだし候」（興善寺文書）とあるように若松本泉寺の蓮悟を通じて下されたものである。さきに長享一揆のとき、蓮如は加賀在住の蓮綱（波佐谷松岡寺）・蓮誓（山田光教寺）・蓮悟（若松本泉寺）の諸子を呼んで相談したが、このように本願寺一門が本願寺の意志決定と下達に重要な役割を果たしているのである。大谷一族で蓮如の法流に帰したものは御一門御一家衆と呼ばれ、これが諸国に寺坊を構えて門下の統制・法主の輔佐に当たるのが本願寺教団の特色で、蓮如の葬儀に参列した一家衆は三十五人にのぼっている。なかでも本泉寺・松岡寺《しょうこうじ》・光教寺は加州三ヵ寺と称され、教団内で重きをなしたのである。徳川家の御家門が一家衆に当たり、御三家が加州三ヵ寺に相当すると言える。法主は将軍で、大老職にあたるものは家老下間氏である。この頃実如の継嗣円如は「御門弟の煩」「他宗の偏執」を考慮して一門の坊舎の新造を停止したが、若松に二俣（本泉寺）・清沢（願得寺）、波佐谷に鮎《(相)》滝、山田に滝野、安養寺に中田、近松（顕証寺）に赤野井、今小路（常楽寺）に豊島の除外例が設けられている。

このように本願寺住持に藩屏として一族があったのは古いことであるが、それが教団内で制度的なものとなるのは蓮如以後である。ところが実如は掟を発布すると、つづいて永正十六年夏「当分御連枝一孫は末代一門たるべし、次男よりは末の一家衆一列たるべし」と定めた。つまり大谷一族の嫡男を一門衆、次男以下は一家衆とし、一門一家を制度化したのである。このとき顕証寺蓮淳の強い希望でその次男伊勢願証寺《がんしょうじ》実恵はとくに一門に列せられた。つまり一族を一門と一家に分けることは重大関心事であったのである。ここの制度化は一門一家の教団統制の役割がいよいよ重要になったことを示している。

蓮如は平等を旨としたが、椀は一門専用のものを定め、興正寺蓮秀がこれで食事しているのを見て、その椀を火吹き竹で打ち砕いてしまった。地方から上山した一門一家は法主自ら数日も相伴して接待し、とくに最初の日は上座にすえて歓待した。山科本願寺では一家衆の宿所が設けられ、召使の詰所もあり、行水の薪から茶湯の下の炭

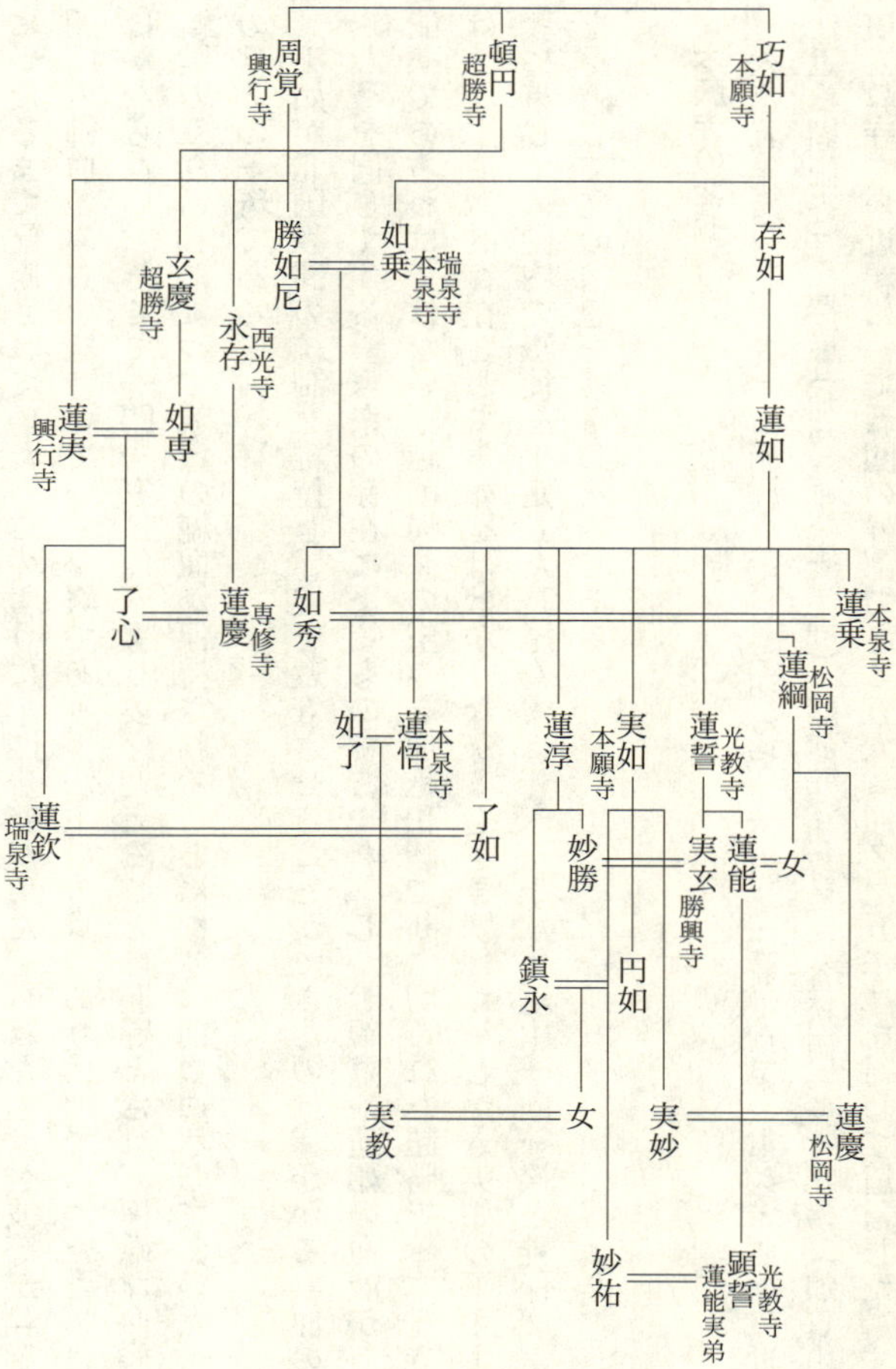
巧如 本願寺
頓円 超勝寺
周覚 興行寺
存如
如乗 瑞泉寺 本泉寺
勝如尼
玄慶 超勝寺
永存 西光寺
蓮如
蓮実 興行寺
如専
了心
蓮慶 専修寺
如秀
蓮乗 本泉寺
蓮綱 松岡寺
如了
蓮悟 本泉寺
蓮淳
実如 本願寺
蓮誓 光教寺
蓮欽 瑞泉寺
了如
妙勝
実玄 勝興寺
蓮能
女
鎮永
円如
実教
女
実妙
蓮慶 松岡寺
妙祐
顕誓 光教寺 蓮能実弟

にいたるまで配慮されていた。このように一門一家が重んぜられたのは、彼等が「御開山の御血のみちを続《つ》」いでいるからであり、法主の分身であり代理であったためにほかならない。そこで一門一家は他家より妻を迎えることは恥辱とされ、極端な血族結婚のくり返しによって親鸞の純血が保持されることになる。前頁に示しておいたものはその一斑である。

実如が北国教団の統制を維持し、掟を遵守させることができたのは、かかる「血のみち」を同じくする一家衆の存在によるものであった。しかし親鸞や蓮如の血液が万能薬であるわけではない。越前帰住の望みを加越和談で断ち切られた超勝寺・本覚寺は、反主流派的存在として実如をはばかりながらも生き続けた。しかも実如の平和主義に乗じて、国内の叛徒を平定した長尾為景は、永正十八年越中一向一揆と神保慶宗を撃破して父の宿怨を晴らしたのである。

本願寺の変貌

大永五年（一五二五）実如は病篤しと知るや、実円《じつえん》（三河土呂本宗寺）・蓮淳（近江近松顕証寺）・蓮悟（加賀若松本泉寺）・蓮慶《れんきょう》（加賀波佐谷《はさだに》松岡寺）・顕誓《けんせい》（加賀山田光教寺）の近親にして教団の幹部である五人（顧名之五子）を召して遺言した。すなわち我が歿後は真俗両諦ともに五人合議し、掟を守り仏法繁昌に心がけてほしい。嫡孫証如はなお幼少であり、掟が乱れれば、この霊場はたちまち馬の蹄にかけられるであろう。しかし運命は如何ともなしがたいから、非運の時は命だけは全くして証如の仏法再興の補佐をしてほしいと頼んだ（今古独語）。また遺言で、一諸国の武士を敵にせらるる儀然《しか》るべからず、一所領方ノ儀停止すべし、一王法を守り仏法を聖人の御時の如くせよと三ヵ条を守るべきことを伝えたといわれる（実悟記）。そしてこの年二月二日六十八歳でなくなった。門弟のなかには殉死をしたものもあるという（元長卿記）。その葬儀は盛大を極め、醍醐寺厳助大僧正は「供奉雑人国々より罷上る数十万人、其儀式超過希代なり」と記している。戦国動乱期に本願寺を守りぬいた実如の声望と本願寺の隆盛を示すものにほかならない。

しかし実如の遺言は数年ならずして有名無実となった。実如の後継者たるべき光円・円如ともに父に先立って歿し、証如が十歳にして本願寺をついだのであるが、母慶寿院鎮永《ちんえい》が宗務をとり、外祖父顕証寺蓮淳の勢威は、「顧名之五子」の筆頭として、蓮悟を凌ぐにいたったようである。しかも鎮永の長姉は勝興寺実玄に、次姉は超勝寺実顕に嫁し、実顕の嫡子実照は実玄の女を娶り、実顕の女は松岡寺実慶《じつきよう》の妻となったので、実如在世中逼塞《ひつそく》していた実顕は、ようやくその実勢力にふさわしい発言権を本寺において握ることができたのである。しかも勝興寺—本泉寺—松岡寺—光教寺という蓮誓系の一家衆寺院では、松岡寺や勝興寺が超勝寺と結ぶことによって一条の亀裂が生じ、勢力均衡に大きな変化を生じたと考えられる。

かく加州三ヵ寺の地位の相対的低下から、本願寺家宰下間頼秀《しもつまらいしゅう》も、これと対立する頼慶もともに蓮淳・鎮永・証如の線に結びついていた。そして加州所領のことは老臣の進退するところで、越前牢人超勝寺・本覚寺の教線拡張は「寺内ト号シテ人数ヲアツメ、地頭領主ヲ軽蔑シ、限アル所役ヲツトメザル風情」でなされたから、実顕は「思ノマヽニ所領ヲ渡シ与エ、自分ノ知行過分ニナリ」、「国ノ守護諸侍マデモナキガ如シ」（今古独語）という有様になった。百姓の年貢未進の手段は、超勝寺に土地を寄進して寺内となり、超勝寺が「公方」に所役を未進して、本所領家の得分を抑留するのであるから、百姓も超勝寺も法施・財施を受けることになるわけである。こうして年貢違乱が行なわれ、かかる事態を抑止しようとして、「加州ノ老者」の本寺への愁訴が行なわれるが、これは下間頼秀等の執奏を要するから、かえって「本寺違背ニトリナサレ」ることになる。

ところが享禄四年（一五三一）細川高国《たかくに》は決定的に細川晴元《はるもと》・木沢長政《きざわながまさ》等に敗られて滅亡するが、越中太田保（細川家領）はこの高国の知行するところであった。下間頼秀はその跡職を競望し、これとともに越中の神保・椎名領においてまで代官職を得ようとするものが現われ、越中の武士達の危惧を招くこととなった。これは強大となり、晴元と結んだ本願寺の立場からすれば当然のことかもしれないが、武士を敵にせず、所領方の儀は停止という実如の掟からすれば明らかに違法である。そこで本願寺に訴えてもかえって不利になると知った加州三ヵ寺派は、閏五月超勝寺＝本願寺方成敗に決し、超勝寺・本覚寺方は山内庄に逃れ長嶺で山内衆と国衆の合戦が行なわれた。これが享禄錯乱の発端で超勝寺方を小一揆、若松方を大一揆と呼んでいる。

若松方は国人層の支持を得て山内諸口を封鎖し、超勝寺方は波佐谷松岡寺を焼討し、蓮綱・蓮慶等十名を山内に連行した。七月になると本願寺から下間頼盛が近江・三河の門徒衆を率い、白川照蓮寺の軍勢を合わせ、白川郷より白山を越えて加賀山内庄に入った。白山宮長吏澄祝も風を望んで下間に加担し、小一揆は攻勢に転じて二十三日清沢願得寺（実悟）、七月晦日若松本泉寺を攻撃して焼亡してしまった。

山内に拉致された蓮綱は朝倉孝景の年来の知友で、富樫・朝倉・畠山の加・越・能三ヵ国守護がすでに和平斡旋に乗り出していたが、ことここにいたったため、朝倉勢は教景（宗滴）を将としてにわかに国境にくり出してきた。そして江沼郡中に廻文を発して門徒を集めていた光教寺顕誓に合力を申し入れ、顕誓は三国干渉は望まなかったが、加越和談成就の際は吉崎御坊を再建するというので朝倉方と共同作戦にでることとした。かくて越前勢・山田勢・黒瀬党は月津口に進み、八月十七日の野代合戦では超勝寺の実弟勧帰寺超玄《かんきじちようげん》を討ち取った。ついで九月波佐谷合戦では敗れたが、十月寺井湊の線に進出し、能登・越中勢は太田に陣し、南北相呼応して夾撃《きようげき》の態勢を整えた。十月二十六日湊川（手取川）を越えて番田・藤塚・土室などの部落が放火され、二十八日松任組衆は西縁組衆が朝倉に内応すると見てこれを潰滅させ、ついで十一月二日太田合戦で小一揆は能登・越中勢を撃破し、このため朝倉勢は三日夜陣を撤して越前に引き上げてしまった。顕誓・富樫・小杉等大一揆の坊主・国人も越前に去って朝倉に扶持されることとなり、大小一揆の乱は一応終結を見た（白山宮荘厳講中記録）。

この乱での本願寺の動きは、北陸における教線の拡大と教団の統制に大きな役割を果たした加州三ヵ寺を切り捨て、多くの坊主衆の門徒を直参にするとともに、実如の平和主義を一擲して武力主義を前面に露呈したものであった。しかもそれは加能越四ヵ国の武士を敗退させたもので、一天四海を法主の支配に委ねることもあながち夢とは言えなくなったのである。しかも本願寺教団は拡大の一途を辿り、北は夷島（北海道）から南は九州まで、実如裏書の「方便法身尊形」は安置され、数百万の後生と生命が本願寺に一任されている。ここに証如は一箇の大名として、寺家・公家とともに武家として、群雄争覇の檜舞台に登場してくるのである。

山科本願寺の焼打

天文元年（一五三二）本願寺証如は細川晴元から畠山義宣《よしのぶ》に攻められている木沢長政の救援を依頼され、二万の大軍を飯盛《いいもり》城に送った。義宣は高屋《たかや》城に走ったが、証如は長政とともに来攻し、義宣を捕えて切り殺した。さらに三好海雲（元長）を堺に攻めて自殺させたが、このときの本願寺勢は十万といい、あるいは二十一万騎ともいっている。このような風潮から、本願寺門徒は奈良でも各地に蜂起した。同年七月十七日一向一揆は興福寺を攻め塔頭坊舎を焼き払った。春日社の館屋御供物所に乱入し雑物を奪い取り、聖教は道路に充満して山のようであり、一揆等は猿沢池の魚をとって食べたという。この一乱は奈良の富人橘屋主殿・蔵屋兵衛・雁金屋民部らがかねて興福寺六方衆の苛政を憎み、一揆と通じて起こしたものだといい（増補筒井家記）、一揆の主力は吉野衆であった。越智《おち》利基《としもと》は筒井順興《つついじゆんこう》らと協力して一揆を潰走させ、六方衆は一向宗張本の郷西脇四、五ヵ所を没収し、奈良中に永代一向宗を禁じた（春日社文書）。

晴元はこのような本願寺の実力を見て、一揆制圧のため兵を集め、この年八月堺念仏寺に「一揆等恣動、造意歴然」で、「諸宗滅亡」この時と思われるとして助勢を請うている。証如また大和・河内・摂津の門徒を集めて晴元を堺北荘に攻めたが、木沢長政が晴元を援《たす》けて門徒軍を破り、坊舎を焼き払い、ついで大坂を攻め、下間刑部大夫らが討死を遂げた。ついで晴元は本願寺と犬猿の間柄にある日蓮宗徒を招き、また六角定頼《さだより》の助勢を求めた。これに応じて日蓮宗徒・柳本信尭の党は本圀寺《ほんこくじ》（日蓮宗）に集まり、町衆らをつれて京中を打ち廻り、八月十日東山大谷の本願寺跡に建てられた一向堂を焼いた（経厚法印日記）。六角定頼の兵は坂本に進み大津の顕証寺を焼き、近江門徒は「侍ノ館々ヲミナ焼ハライ」、六角方は「カミソリタル坊主ヲ国ヲ払」うにいたった。十六日には新日吉渋谷口で京勢一万と本願寺勢四、五千が戦い、本願寺側で百余人が討死した。

八月二十三日、六角勢・京の日蓮宗二十一ヵ寺はじめ宗徒勢三、四万が山科本願寺を包囲し、翌日早朝から攻撃を始め、和平交渉の行なわれようとしたとき、諸勢乱入して火をかけ、仏国の如しといわれた本願寺も、美麗を嗜んだ寺内寺外の家々も一軒も残らず焼けてしまった。文明十二年建立より五十二年、兵士等は焼跡に残った金銀を拾い、数日尽きなかったという。このとき証如は大坂にいたので、順興寺実従が親鸞影像を近辺に隠し、三日後上醍醐水本報恩院（蓮如の孫・源雅住）に移し、翌年七月大坂坊舎に移し、ここが本願寺となった。

加賀にあった下間頼秀・頼盛の兄弟《らいせい》は直ちに上坂して作戦指揮に当たったが、下間頼慶・顕証寺蓮淳・興正寺蓮秀らは和平派として本願寺を去った。また金沢専光寺には敵の城中に入って火をかけた御堂衆に対する慶心の褒状があるが、これは下間兄弟とともに本願寺の難に赴いたのであろう。このの ち高国の弟細川晴国《はるくに》を主将として河内および本願寺の周辺で戦闘が行なわれた。ところが興正寺蓮秀は天文二年八月から詫びを申し入れ、証如は同三年十一月帰参を認め、同四年四月蓮淳父子が大坂殿に姿を現わしている。これとともに下間頼玄・頼盛に関して噂が飛び、両名は御暇を申すということであった。とくに天文四年六月本願寺の戦況が著しく悪化してからは、蓮秀の活躍とともに和平の気運が濃厚になり、九月摂州通路のことが成立すると頼盛のクーデターを恐れて厳重な警戒がしかれ、九月十四日頼秀・頼盛・兵部大夫源次ら主戦派は本願寺を退去した。

下間頼慶が頼秀に代わって本願寺家宰となり、青蓮院尊鎮の斡旋によって天文四年十一月晴元との間に和議が成立した。このの ち摂津中島《なかのしま》には細川晴国・下間頼盛らが策動していたが、翌五年七月木沢長政が中島を攻めて門徒八百余人を討ち取り、頼盛は逃れ、晴国は天王寺で自殺し、中島一揆も潰滅した。十一月六角定頼との和議がととのったが、これには近江門徒を破門するという厳重な条件がついていたので、やむなく先方よりの案文の通り破門状を書いている。かくて平和主義から熱狂的闘争へと走った本願寺も、晴元との戦いが敗北に帰したため、証如は以後武士間の戦闘に介入することはなかった。なお興正寺蓮秀は和議成立の功により一家衆に列せられた。

石山本願寺の繁栄

本願寺と幕府・晴元との媾和《こうわ》ののち、享禄錯乱以来の加・越の紛争、天文六年若松方の本覚寺襲撃、これに関連するとみられる白山長吏澄祝の弟平等坊と小浜左京亮・鈴見長門・高橋新左衛門の別心、洲崎兵庫の破門、天文十五年の江沼惣郡の破門、同十七年の徳田縫殿助《ぬいとのすけ》・富田新五郎の超勝寺襲撃など北国は必ずしも平穏であったわけではない。しかしそれらはいずれも本願寺を危殆《きたい》に瀕せしめるものではなく、いわば疥癬《かいせん》の煩いにすぎなかった。平等坊の叛のとき、白山長吏は「当山既に滅亡たるべき分也」（白山宮荘厳講中記録）と驚き、息災の祈禱を行ない、本覚寺に弟理性坊を人質に出し、証如へ「長吏事別儀なき由、国中へ申下候て」（天文日記）と泣きついてくるが、証如はその懇願を「おかしく候」と一笑に付している有様であった。本願寺法主の地位は幾百万の門末の懇志と幾百幾千の末寺道場の寄合・講中の上に立って微動だもするものではなかったのである。

ところで石山本願寺は証如が大坂に移ると漸次新築・新調を行なって、本寺としての体裁を調え、寺域を拡げ、堀・塀を設けて要害を堅固にした。周辺の町家も増加し、天文初年には清水町・北町・西町・南町屋・北町屋・新屋敷の六町を数えることができる。このほか檜物屋町・青屋町があり、また造作町・横町というのがあって石山八町とも十町ともいわれる。天文五年の火事では「西町・北町百四十五間（軒）」（天文日記）が焼け、永禄五年には「二千軒余焼失」（厳助往年記）とあって寺内町繁栄の様子を察することができる。これは門徒参集と懇志の集積による経済的繁栄の結果にほかならない。天文十三年近江勢多橋造築のため六角定頼が全国に勧進したとき、勢多橋を往来するものの過半は本寺参詣の門徒であるから、本願寺に五十貫出すように要請し、証如もこれを承知している（天文日記）。

やや時代は下るが、永禄四年（一五六一）八月十七日付、堺発パードレ・ガスパル・ビレラより印度のイルマン等に送った書翰には次のように記している。

諸人の彼（本願寺法主）に与ふる金銀甚だ多く、日本の富の大部分は、此坊主の所有なり、毎年甚だ盛なる祭（報恩講）を行ひ、参集する者甚だ多く、寺に入らんとして門に待つ者、其開くに及び、競ひて入らんとするが故に、常に多数の死者を出す、而《しか》も此際死することを幸福と考へ、故意に門内に倒れ、多数の圧力に依りて死せんとする者あり、夜に入りて、坊主彼等に対して説教をなせば、庶民多く涙を流す。

（耶蘇会士日本通信）

天文六年に堺の宿老が渡唐船を建造して日明《にちみん》貿易を企てたが、証如は建造や船子につき斡旋し、翌年十二月渡唐船見物のため堺に赴いた。同十六年には渡唐船を大坂寺内に廻漕させているから、本願寺は対明貿易の資本の一部を負担していると思われる（辻善之助著『日本仏教史』）。フランシスコ・ザビエルも印度副王に大坂での貿易の利の大なるを説いて貿易を勧めているから、この頃大坂では外国貿易が盛んに行なわれていたのである。周防の大内義隆が渡唐貿易に用いるため、加賀国江沼郡那谷寺《なたでら》観音堂下の「めのう」の入手を頼んできたときも、証如は観音の神秘を破らせて、いやがる那谷寺に「めのう石」五個を供出させている（天文日記）。

こうして本願寺が富強を誇るようになると、かつて本願寺を圧迫した諸大名その他から借金の申し込みをなすものが現われた。播磨守護赤松政則《まさのり》は念仏嫌いで、領内の一向宗を禁じ道場を破却し、尼入道に心易く念仏さえさせなかったので、実如は愛用の名馬を贈って、念仏禁止を解除させた。ところがその子村秀は天文五年使者を遣わして兵粮借用を乞うた。証如は謝絶しようとしたが、使者の面目を考えて三千疋を与えている。また大谷破却をなした山門延暦寺は日蓮宗退治について合力を請うたので、この年西塔へ三万疋、東塔横川へ一万疋を渡している。さらに斯波義廉の孫義信《よしのぶ》にいたっては、本願寺内に寄宿し、先年賀州錯乱のときの忠節を申し立て、窮困しているから本願寺の扶助にあずかりたいと度々懇願している。証如がそのままにしておいたところ、義信は色を変え、面目を失うからと自殺の気配で、書き置きなども書いている様子であった。下間丹後が外聞もあるからというので、一向に筋の立たないことであるが、五十貫文をやったところ、たちまち顔色も変わり、喜んでいるので証如も笑ったという。戦国時代の有為転変《ういてんぺん》・栄枯盛衰をまざまざと示すエピソードである。

証如に一子顕如《けんによ》が生まれると、細川晴元は早速女子と婚約を申し込んできたが、この女子は実は三条公頼の女（晴元の妻の妹）で、これを養女として本願寺と姻戚関係をもとうとしたのである。しかもいよいよ入嫁するときには、山科本願寺を焼いた六角定頼の子義賢《よしかた》の猶子となっている。いかに当時の武家が本願寺の縁辺につながろうとひしめいていたかが知られるであろう。朝倉孝景もまた本願寺の門徒となり、毎年三万疋を進上するといっている。

　青蓮院門跡も本願寺から経済的援助を受けた一人で、尊鎮《そんちん》法親王は天文九年坊城《ぼうじょう》・万里小路《までのこうじ》ら諸卿を従えて本願寺を訪問し、歓待されている。この時証如の母に「慶寿院」と「鎮永」の名をつけ、証如に金襴袈裟と紫衣を贈っている。この尊鎮の知遇から本願寺はいよいよ宮廷に接近し、天文七年本堂に今上寿牌「今上皇帝本命元辰」と先帝位牌「後柏原院尊儀」を本尊の左右に安置した。宮廷からこの時期に下賜されたものとしては伏見院宸筆『広沢切』『栄花物語』、尊円親王筆『鷹巣法帖』『三十六人家集』などがある。とくに『三十六人家集』は天文十八年証如に権僧正を勅許されたときに下賜されたもので、三十六歌仙の家集として最古のものである。書写年代は元永年間と推定され、優雅な書風と秀抜な意匠とによって平安貴族の高尚な趣味をうかがうことができる。証如がこれを下賜されたのは、彼が「さうし（草子）などすき（数寄）のよし、きこしめしをよばれ（及）」たからである。

　本願寺法印には、もはや草鞋を足に食い込ませて関東門侶を訪ねた一杖一笠の姿は見られない。彼は一門一家・末寺・門徒を破門し、自由に成敗できる現当二世の君主であり、宮廷・幕府に重きをなしつつ、翠帳の奥深く宗務を総攬する法王となったのである。こうして本願寺は宮廷との交渉を加速度的に深め、ついに永禄二年（一五五九）門跡に列した。同時に下間頼良《らいりょう》・同頼充《らいじゅう》・同頼総《らいそう》の三人は坊官に任じ、本宗寺教《ほんしゅうじきょう》什《じゅう》・願証寺教幸《きょうこう》・顕証寺教忠《きょうちゅう》が院家となった。この時あたかも永禄四年は親鸞三百回遠忌に当たり、顕如は院家を従え、他宗他山の僧侶の多数参列するうちに、三月十八日より二十八日にいたる十一日間の仏事を厳修したのである。

第五章　幕藩体制と真宗教団

1　近世社会の形成

本願寺の領主的性格

戦国前期に一向衆を弾圧した守護大名は、天文年間を劃期としていずれも没落し、国人のなかから戦国大名が生まれ、やがて天下統一をめざして争覇戦を展開してくる。親鸞三百回遠忌のころは、この新興勢力によって日本の社会が大きく動きはじめた時期でもあった。このとき本願寺が宮廷・幕府・公家などの旧勢力と親交し、「極官」といい、「門跡」「院家」という名聞《みょうもん》利養を求めている姿は、それが公家・寺家の限界を踏み切って戦国大名化できないことを示している。本願寺の領国加賀に対する領主的性格は守護のそれを継承し、本所領家への貢納を申しつけ、自身在所から半ば自発的な年貢・志納・夫役・軍役を収取するものであった。それは検地を施行し、村落共同体を通じて土地・百姓を支配するものではなく、講・寺・組を通じてのゆるやかな支配＝収取にとどまり、庄＝名（作人名）を基盤とする点で幕府・公家・守護と同一次元に立つものであった。ただ弥陀を中心とし教団組織によって農村を掌握していたから、守護名族と斜陽の歩調をともにしなかったのである。本願寺領国とは守護領国より戦国大名領への過渡的形態にほかならない。ここに本願寺が旧勢力のピンチ・ヒッターとして、三河・伊勢・越前なかんずく石山で、新興武家政権と対決する必然性があったと言える。

徳川家康と三河の一揆

徳川家の発祥地である三河は、古くから真宗の発展した場所でもある。とくに蓮如以後、本願寺の教線は佐々木上宮寺・針崎《（和田）》勝鬘寺・野寺本証寺のいわゆる三河三ヵ寺を中心に急速に伸びていった。大谷破却のとき上宮寺如光が「料足は足に踏ませ申すべし」と豪語したように、三河は木綿をはじめ物産が豊富で、商業も発達し、したがって寺院は経済的にも豊かで、三河侍の真宗寺院から借金しているものも少なくなかった。ところで三河武士団の棟梁である徳川家康は、今川義元の敗死によって岡崎城に帰り、国内の諸豪族の征服を進め、永禄四年（一五六一）には今川氏と絶って織田信長と同盟しようとした。酒井忠尚はこれに反対して叛旗をひるがえし、このとき家康の部将が上宮寺に入って糧食を徴発したことから、永禄六年一向一揆が発生したといわれている。具体的な契機はともかくとして、それが大規模な一揆に発展したのは、家康の領国体制の確立・軍事力の強化による百姓の一般的な負担増大への不満と、家康に征服されつつある国侍層の反徳川的ムードによるものであろう。

本願寺教団側には酒井忠尚・吉良義昭・荒川義広・松平家次・松平昌久・夏目吉信など、今川系の地頭や反松平の小大名から、松平一門及び家康の近習まで参加してきた。野寺本証寺文書によると石川一族を中心に、鳥居・阿部・内藤・榊原・酒井・本多・神谷・伊奈等の徳川譜代の大名となった家が本証寺門末となっている。これに対して家康側には高田専修寺派の菅生満性寺《まんしょうじ》・桑子明眼寺《みょうげんじ》等が援助している。高田・本願寺両派は本質的に派閥にすぎないのであるから、家康に味方したかどうかで、両派の階級的性格を断ずるわけにはゆかない。

戦いは始め一向一揆が優勢であったが、結局家康の国人掌握力が優《まさ》っていて、土屋・蜂屋・本多・石川の武将が戦列を離れ、その提議により赦免・本領安堵・在寺・張本助命の条件で和睦し、ともに吉良・荒川・酒井ら家康の宿敵に当たることになった。ところが家康はこれら宿敵が没落すると、本願寺末に対する態度を改め、僧徒に改宗を命じ、寺を毀《こぼ》って、門徒を弾圧している。三河における一向宗禁制はこの後二十年間続き、天正十年冬にいたってようやく門徒の罪を許した。この家康の勝利は、国侍を組織し百姓を統制する点において、武士団が教団に優ることを示すもので、幕藩制が法王国体制を克服する出発点として三河一揆は重視すべきものである。

このようにして一向一揆を鎮圧し、急速に国侍を家臣団にくりこんだ家康は、永禄十年には、今川勢力を三河から排除して一国を平定した。そこで家康の同盟者織田信長は、今川・武田の勢力を顧慮する必要がなくなり、永禄十年に美濃・伊勢を平定し、ついで翌十一年には妹お市の方を浅井《あさい》長政《ながまさ》に娶わせ、足利義昭を奉じて宿望の上京を実現したのである。

石山合戦の発端

河内平野は覚如のころから本願寺の教線が延びており、平野《ひらの》には覚如が産前産後血の道の薬と一緒に贈与した本尊・厨子を伝存している旧家がある。証如のときには二万、あるいは十万〜二十万人の門徒が一揆に参加したといわれる。数字の信憑性はともかくとして、農業生産性の高い摂津・河内の平野に真宗の開展のいちじるしかったことが察せられる。

ところでこの地方では、堺・平野などは町衆の自治的都市として中世に異色ある存在であるが、このほか近世初期摂・河有数の在郷町である富田《とんだ》・久宝寺《きゅうほうじ》・枚方《ひらかた》・八尾《やお》・古市《ふるいち》・誉田《こんだ》などがあり、富田林《とんだばやし》・貝塚も早くから御坊の寺内町として現われている。これは農業の発達・農村の富裕化によって、自由なる富農・商人・手工業者が広汎に成立していたことを示すと言える。たとえば戦国末にこの地方に伝えられた綿作は、それが有利であるところから急速に普及し、百年余りたった十八世紀初には平野郷三十六町余の耕地の六二パーセントが綿作に充てられ、二千六百二十五軒のうち、木綿繰屋百六十六戸をはじめ商工業に関係するものは千二百十二戸を算する。このような経済的発展を支える生産力のたかまりが、中世末期の摂・河平野に存在したと見ることは決して不当ではない。そして近世初頭在郷町として出現してくるところには、多く蓮如のころから御坊・道場が存在し、証如のころに盛んに活動しているのであって、真宗の弘通はまた当地方の経済的発達と庶民の意識の向上とを基礎にもっていると言える（高尾一彦著『近世の農村生活』）。

石山本願寺と寺内町はこのような経済的宗教的先進地帯に存在し、諸国門徒の参集と相まって、畿内の中心的存在であった。牧野信之助氏は寺内町をもって城下町の先駆形態とするが、まさにそれは法王を領主とし、坊主衆・寺内衆を家臣とし、町衆を町人とする一大城下町にほかならなかったのである。
織田信長が上洛すると、摂津・和泉の寺社および堺の町に矢銭《やせん》を課した。堺は二万貫をかけられ、これを拒否して櫓を上げ堀を深くして合戦の準備をしたが、本願寺は五千貫を上納した。しかしこの時期の本願寺をめぐる政治情勢は織田と本願寺の宿命的な決戦を暗示していた。

前住証如のときから織田氏は本願寺門徒を圧迫しており

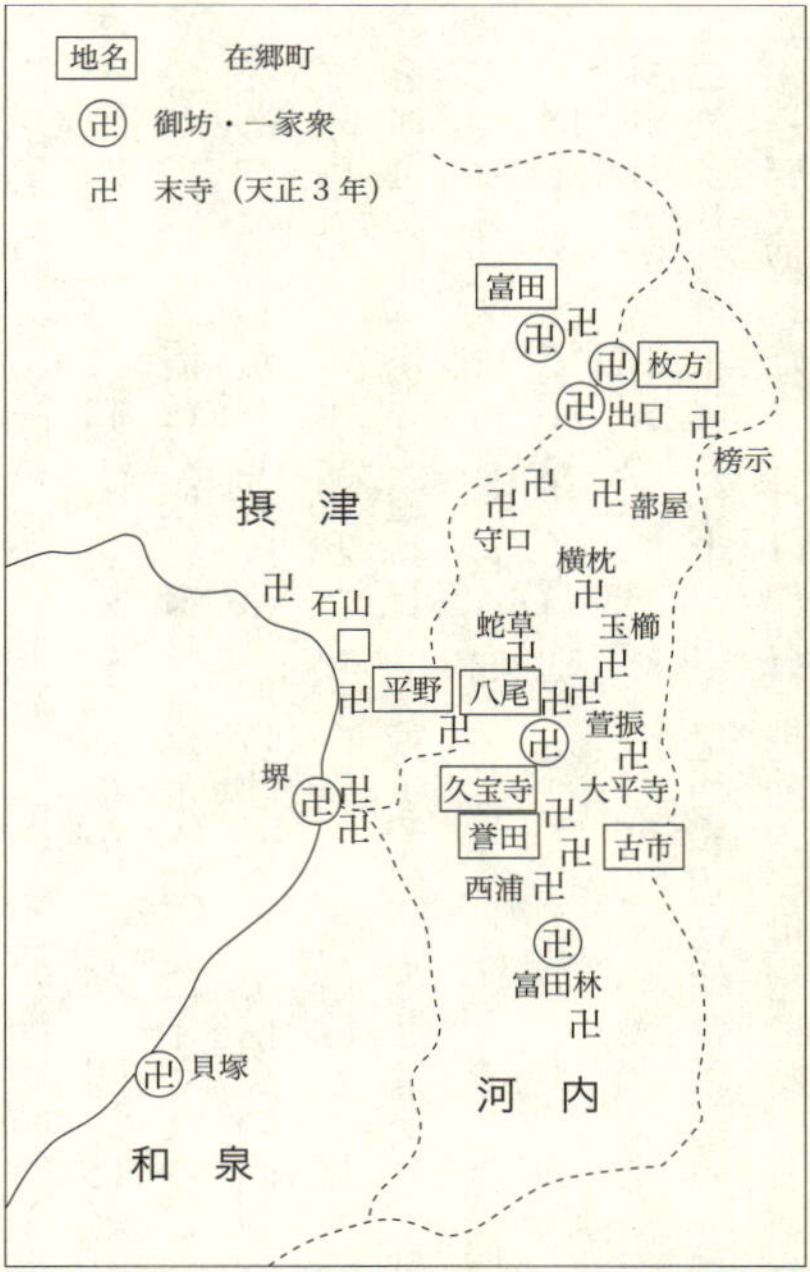

石山付近の真宗寺院と在郷町

（織田氏の内訌に教団が加担したためである）、信秀の臣平手政秀が本願寺を訪れたとき、証如は彼が大酒家で会見したくなかったが、門徒に強く当たるというのでいやいや会っている。信長の代になれば真宗圧迫は緩和されるどころかむしろ強化される有様であった。しかも北条氏康は加賀門徒をして信長の同盟者上杉輝虎《うえすぎてるとら》に当たらせるため、永禄九年、六十年にわたる一向宗禁制を解除し、足利義氏また永禄四年磯部勝願寺を加賀松任本誓寺《まっとう》に遣わし、安養・瑞泉諸寺とはかり、越後を討伐すべきことを依頼している。本願寺顕如はいまだ動かず、永禄十年には信長の美濃・伊勢平定を祝し、同十三年まで年賀状や音物《いんぶつ》を送っている。しかしそれは表面のことで顕如の態度は永禄十一年冬信長入京の前後より一変していたのである。

これよりさき永禄十年十一月、足利義昭は朝倉義景の一乗谷城に赴き、加賀門徒との和睦を実現した。これは加賀・越前の一世紀にわたる対立抗争に終止符を打ったものので、義景の一女を顕如の長子教如に嫁せしめることとし、また越中勝興寺へもその女《むすめ》を遣わし、これ以後朝倉＝本願寺の同盟が成立したのである。加うるに近江の六角義賢も顕如の内室如春尼の猶父として密接な関係があり、信長こそはそれらの共通の敵にほかならなかったのである。

永禄十一年九月、信長が近江に入って六角氏を攻めると、江北十ヵ寺（福田寺・福勝寺・箕浦誓願寺・順慶寺・金光寺・浄願寺・湯次誓願寺・称名寺・真宗寺・中道場（授法寺））の一揆は信長と戦い撃退された。近江の坂田・浅井・伊香三郡を江北というが、この地の真宗教団は覚如のころ開創されたと伝承する十ヵ寺を中心に形成発展してきた。証如の『天文日記』には「北郡坊主衆」「北郡番衆」として現われ、十ヵ寺連合体として活躍していたものである。江北は京極氏の守護代浅井亮政《あさいすけまさ》が主家を圧して政権を握るが、浅井氏は天文初年から本願寺と密接につながり、六角氏と対立して、久政の頃には本願寺に軍資の借用や中郡一揆の催促を申し入れている。本願寺は六角氏との関係を顧慮して浅井氏との交渉も消極的で、江北十ヵ寺も浅井氏と不即不離の関係にあった。しかしいま信長の近江侵入に当たり、朝倉と提携し、浅井・六角との関係はともかくとして信長阻止に起ち上がったものであろう。

この近江一揆の背後には本願寺の意図が働いていた。元亀元年（一五七〇）九月の下間正秀の十ヵ寺宛書状には、先度信長侵入のときは越前衆が遅れて打ち入られ無念の儀尤《もっと》もである。信長は越前衆には荷が重すぎるから協力してもらいたい。国侍（浅井）も思案を変えて、坂本まで出兵するといっているが日数も大分経過した。河内国中一揆に三好衆と織田とが合戦のときは忠義を抽《ぬき》んずることを命じてある。六角義賢は一味で城中に本願寺より番衆を入れておいた。江北ではいつも一揆衆が先陣ばかりで迷惑であるから、先日浅井へ坊主衆と武辺衆とは交替で出陣させるよう申し入れた。三ヵ年牢籠の坊主衆の軍資・兵粮についてはおいおい門跡から朝倉へいってやるということである。朝倉・浅井の坂本出兵ができないなら、尾濃口の街道を押さえて信長の退路を断つよう申し入れたことなどを記している。すなわち永禄十一年以来近江坊主衆は独力で、本願寺の命によって抗戦を続けてきたのである（誓願寺文書）。

この書状は信長が越前に入り、ついで浅井氏を姉川に破ったとき、近江一揆が浅井氏を援けその様子を本願寺に報告したのに対する返書であるが、このときにもまだ顕如は知らないふりをしていた。しかし顕如と結んだ阿波の三好三人衆（三好下野守政康・三好日向守長逸・石成主税介）が摂津に入り野田・福島に塞を築くと、信長は八月岐阜を発し、九月八日野田・福島を包囲し、十二日ゑび江に陣を据えた。このとき織田軍は日夜大砲と鉄砲三千挺、二万の軍勢で攻め立て、城中はついに和を請うにいたったが、信長はやがて落ちるだろうから攻め干すべしといって攻勢をゆるめなかった。世間では「大坂より諸国へ悉《ことごとく》一き（揆）おこり候へと申ふれ候」という噂で、事実顕如は九月五日紀州惣門徒へ、翌六日江州中郡門徒へ忠節を尽くすよう依頼しているが、まだ立ち上がらなかった。しかるに野田・福島の陥落が眼前に迫ると、大坂滅亡の危機にいたるので、十二日夜半、寺内の早鐘を撞きならして決然挙兵したのであった。信長方は仰天したといわれる。

門徒の忠誠

大坂が色立（挙兵）すると三好三党は十三日堤を切って信長方を水びたしにし、浅井・朝倉また二十日坂本に入り、近江門徒三万と力を合わせて志賀城を陥れた。諸国門徒に対しては、この際「門下之輩、寸志を励ますに於ては仏法興隆たるべく候」という門主の檄《げき》が飛ばされ、これに応じて伊勢長島の宗徒は願証寺を中心に兵を挙げ、紀州門徒は本願寺に馳せ参じて、戦闘部隊の主力となり、遠国門徒もあるいは出兵し、あるいは軍資・兵糧を送った。元亀三年加賀・越中の門徒が蜂起することを聞いた上杉謙信は、その退散を祈って願文を看経所に入れたほどである。信長は木下藤吉郎に命じ、元亀二年正月近江姉川・朝妻間の海陸の通行を止め、下々用捨するものあれば即座に成敗せよと命じている。また翌年七月三日細川藤孝《ふじたか》に命じ、大坂へ商人に変装して往復するものがあるから、その地で相改め、不審のものは逮捕して注進せよといっている（谷下一夢著『顕如上人伝』）。いかに門徒が危険を冒して大坂に出入したかが察せられる。

なかでも長島一揆は元亀元年十一月起ち上がり、桑名城主滝川一益《かずます》の軍勢を撃退し、信長の弟信興《のぶおき》の籠る尾張小木江《こきえ》城を陥れ、信興は天守閣で自殺した。ここでも信長は味方の尾張聖徳寺《しょうとくじ》に門下の者は男女によらず「櫓械《(櫂)》」に及ぶものは成敗するといっているから、尾張より長島に舟行して一揆に投ずるものの多かったことが知られる。翌元亀二年五月信長が来襲したが、一揆は輪中《わじゅう》村落の一つ一つを砦として激しい抵抗を続け、ついに信長軍を撤退させた。所々に火を放って退却する信長軍を追って攻めかける一揆のため、信長の有力武将柴田勝家は負傷し、氏家卜全《うじいえぼくぜん》は討死するという有様であった。

元亀三年三月、武田信玄を名目上の仲介者として織田・本願寺の講和が成立したが、本願寺は信玄を中心に義昭・三好・松永・浅井・朝倉や近江・北国・美濃・長島の一揆と提携し、信長・謙信に対抗していた。ところが翌天正元年（一五七三）信玄がなくなると、信長は義昭を追い、長島を討ち、近江・越前・加賀を制圧して本願寺を孤立させようとしてくるのである。長島は天正元年十月信長の討伐を受け、赤堀・田辺・桑部・南部・千草等の伊勢地方の諸侍が多く降《くだ》ったが、信長の引き揚げをねらい風雨に乗じて一揆が要撃したので、信長はわずかに逃れて岐阜に帰った。翌二年水陸の大軍を率いて信長は津島につき、一揆を各地に撃破して長島に迫った。今度は信長は一揆の降伏を許さず「男女悉撫切ニ申付」け、身を投げて自殺するものもある。

願証寺もほどなく落去するであろうが「可為根切候」と自信のほどを見せている（富田仙助氏所蔵文書）。九月になると、長島・矢長島・中江の三ヵ所に島中の男女が籠城し、すでに三ヵ月に及び、兵糧尽きて餓死するもの過半数に及んだという。長島の一揆は和を請い、河を渡って退散するとき、信長の伏兵は鉄砲を放ち、無数の門徒を河へ切り捨てた。中江・矢長島に籠った男女約二万には、信長は幾重にも柵を構え、四方より火を放ってこれを焼き殺した。その惨烈なる虐殺ぶりは日本史上にも例の少ないものといわねばならない。しかも一五八〇年（天正八年）のパードレ・ジョアン・フランシスコ書翰にいうように、「この盲目なる異教徒」は極楽往生を信じて勇戦したものであり、浄顕寺（愛知県知多郡）の二幅の血判阿弥陀像の表裏にのこる信徒（多くは百姓）の血痕こそ、彼等の熱烈なる信仰と固い団結を表示すると言わねばならない。顕如は長島の苦境を救おうとして武田勝頼の出馬を要請したが果たされず、ことここにいたって涙をのんで十一月第二次の講和をなした（本願寺文書）。顕如は和解のしるしに、重宝「白天目」を信長に贈っている（勝授寺文書）。

一方越前では朝倉の滅亡後、天正二年加賀・越前の門徒は織田方を追って一国を平定し、本願寺からは守護として下間筑後法橋頼照を下した。六月には木の目・鉢伏《はちぶせ》・鷹打嵩・火燧《ひうち》ケ城・湯の尾その他に要害を構えた。鉢伏には「西光寺・正闡坊・今小路・照護寺・専修寺」の五将が籠り、専修寺賢会《けんえ》の書状によると、八月末頃は普請に忙しく、火薬製造の薬研《やげん》の入手を依頼するなど織田軍の進攻に備えて戦争準備に忙殺されていた。着馴れぬ具足は重く、山上の小屋掛けでは風雨も凌ぎがたく、しかも守備すべき山中は広く、軍資・武器武具もととのわないと焦りながらも、賢会の戦意は旺盛で「仏法の一大事と存ずるにより、身命を捨て馳走まで候」と言い、九月二十四日には「深雪迷惑に候へ共」「一大事之虎口」故、山上で越年の覚悟をきめている。

しかし過重な戦費の徴収や「六十を限り十五を限り一人も残らず出され候」という夫役の徴発から民心は離叛した。領主的大坊と百姓道場との階層的対立、寺坊相互の門徒の争奪から越前一揆の内訌は激化した。鉢伏山でも末寺坊主衆・門徒衆は逃亡して残留者は百名ばかり、「小屋々々皆明候」という状態となり、法敵を眼前にして賢会は「拙者ハ腹を切る迄に候」という苦境に立つにいたった。かかることは「言語道断驚き入つたる事」で、「信長にましたる覚悟にて候」とか「人の心おそろしき時分に候、住みにくき時代にて候」と歎いても、致し方のないことであった（賢会書状）。

織田信長はこの虚をつき、越前の国侍・高田門徒・三門徒・日蓮門徒を誘い、天正三年八月十五日諸手より越前に進攻し、わずか一日半の軍事行動で越前を手に入れてしまった。府中へ先廻りして、五百三百と逃げてくる一揆を襲い、府中町で千五百、その外近辺で二千余首を切った。
「府中町は死がい計《ばかり》にて、一円あき所なく候、見せ度候、今日ハ山々谷々尋捜し、打果すべく候」と部将村井長門守に報じている（泉文書）。『信長公記《しんちょうこうき》』には逮捕せる老若男女一万二千三百余を小姓衆に殺させ、これと諸方より取ってきた首と合わせ総数三、四万といっている。織田軍のみならず、高田・三門徒・真言勢力も協調したもので、折立称名寺（高田派）では刀狩を解除し、門徒に武装させて本願寺門徒掃蕩に協力し、本願寺方の女人を捕え金森長近《かなもりながちか》の陣営に送っているし、浜四郷黒目称名寺門徒は下間頼照を討ち取っている。

　このような越前一揆の惨敗によって、同年十月五日、顕如は三度目の和を請うにいたった。しかしその三日後の十月八日の了・源両名の書状では「彼方やがて表裏たるべしとおぼしめされ候」とあるから、顕如もこれが最終的なものとは考えていなかったことが知られる。講和のねらいは、毛利氏との提携、信長の敵となった上杉謙信の出兵、戦備の増強の時をかせぐことにあったと見られる。果たせるかな翌天正四年四月、今宮表の合戦から五ヵ年にわたる石山籠城が開始された。これに応じて越前では再び一揆が起こり、また悽惨な虐殺を見た。味真野《あじまの》村小丸《こまる》城の塀址のあたりから発掘された瓦には、次のような言葉がほりこんである。

一向一揆文字瓦（福井県　味真野史跡保存会蔵）

此書物後世ニ御らん《覧》じられ、
御物がたり《語》可有候、然者五月廿四日《天正四年》
いき《一揆》おこり、其まゝ前田
又左衛門尉殿《利家》いき《一揆》千人ばかり
いけどり《生捕》させられ候也、
御せいばい《成敗》ハはつつけ《磔》、
かま《釜》にいら《入》れあぶられ候哉、
如此候、一ふで《筆》書とゞ《留》め候、

前田又左衛門尉利家が府中三人衆の一人として越前にきたのは天正三年九月であり（松雲公採集遺編類纂）、まもなく小丸城の築造にとりかかったと考えられ、瓦の製造は築城の過程においてなされたであろうから、この一揆は天正四年と見るのがよさそうである。その筆跡が「御家流」の能筆である点から、一揆関係者でしかるべき身分のものが瓦職人に化け、やるかたなき恨みと呪いをこめて屋根にあげたものであろうか。もしそうでなければ織田方のものが、戦勝を誇示する記念碑として彫りこんだものと考えられる。

籠城と開城

第三回目の講和は天正三年十二月に誓詞を交換したが、翌四年正月、早くも「大坂曖《あつかい》破由也」（多聞院日記）と伝聞された。四月戦端が再開されると、顕如は予期していたことゆえ今更驚かないが、「一流破滅此節に相極候」と紀州坊主衆・門徒衆に報じている。本願寺の強味は雑賀《さいか》・根来《ねごろ》の鉄砲隊と諸国門徒の蜂起と援助であったが、信長は大坂の四方十ヵ所に砦を築き、北国通路に新関を設けて大坂への援兵と糧食運搬を阻止し、ために本願寺は大いに苦しんだ。その苦境は次の悲愴な顕如書状によって窺うことができよう。

態《わざ》と筆を染め候、其国の門末絶えず相詰め出精いたされ候段、奇特の至ニ候、兼て聞及のごとく、丹誠をぬきんずる加越能州の門末、此頃は新関にさへられ、加勢の義心ならず候、かくのごとく相成り候てハ、籠城如何、命も旦暮に危ぶみ候、それに就き各々如何心得られ候哉、娑婆は一旦の苦、未来は永生の楽果なれば、いそぎ阿弥陀如来をふかく頼み、信心決定有て、今度の報土往生の素懐をとげ候身と相成り、其上は仏恩報謝の為、万事取持いたされ候事肝要に候、何事も陣中なれば、筆につくしがたし、委しき義は頼智坊へ申し含め候也穴賢《あなかしこ》々々

天正四年五月上旬　　釈顕如（花押）

飛驒国

惣坊主中

惣門徒中

（常蓮寺文書）

これによれば飛驒門徒も大坂に籠城したものである。さらに美濃国長久寺に宛てた顕如書状では「累年忠勤を励まれ、殊に昨日の軍《いくさ》難儀にて、人々数多討死せられ候事、誠に憐におぼえ候、其方達も皆深手を帯《おび》られ、終に其砦を固られ候」とあるから、これは在城中の長久寺門徒団に宛てたものである。このように直接籠城するもののほかに、遠隔地の門徒は糧食・資金を輸送し、たとえば越後水原の無為信寺《むいしんじ》は志としてはるばる米三斗九升を運んでいる。越中射水《いみず》郡田子村南兵衛光信も天正二年兵粮百五十石を城中に運びこんだ。高田本誓寺超賢も上杉謙信の了解を得て、新発意《しんぼち》賢乗・弟了意《りょうい》・普性《ふしょう》に武勇勝れた門末三百余人をつけて籠城させ、左頁の表のように近郷より

取り集めて城中へ送っている。なかでも毛利氏は村上水軍により、七月十三日、織田氏の水軍を破って兵糧を城中に入れた。

さらに上杉謙信はこの年越中・加賀の門徒と和して西上の途を開き、義昭はしきりにその出兵を促している。一方信長は天正五年雑賀衆《さいかしゅう》の内紛に乗じて太田源三大夫らを味方に引き入れ、鈴木孫一・土橋若大夫らを降し、顕如は六月檄を越後・相模・武蔵・阿波らの門徒に飛ばし上杉謙信との盟約の成ったことを告げた。しかし謙信は翌六年三月まさに出発せんとして、にわかに斃《たお》れ、本願寺の頼みの綱も切れてしまった。顕如は焦慮し、紀州門徒の上坂をしぶるのを促して、「当寺をす

品目＼年月	天正２年4月	天正４年4月
黄　金	1貫目200目	500目
白　米	1500俵	450俵
麦		60俵
粟	90俵	
田　作		50俵
大　豆	150俵	70俵
油	10樽	
味　噌	80樽	50樽
白木綿	150反	
小　豆	50俵	30俵
塩　鰯	30樽	
胡　麻	5俵	

てらるべき心中にてはあるまじきと推量せしめ候」「夜中にも雨風にもかまはず、早速国を打ち立たれ、志次第ことごく参着せしむべき事、頼み入る他《ほか》なく候」と言っている。

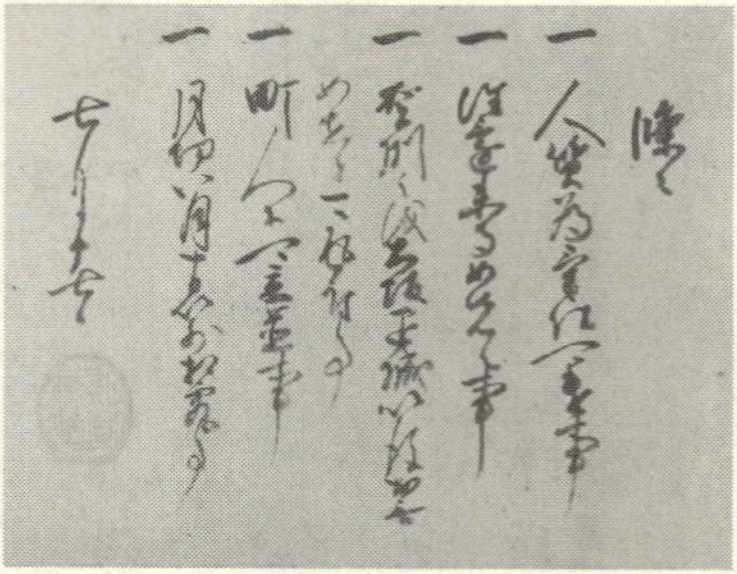

この本願寺の危急を救ったものは有岡（伊丹）城主荒木村重らの叛である。彼は阿弥陀信仰の徒であったようで、女子を質として本願寺に納れ、父子血判誓詞を送った。窮地に立った信長は本願寺との講和を朝廷に依頼したが、茨木城主中川清秀・高槻城主高山右近《うこん》が信長に降伏し、毛利の水軍が信長の大艦に破れたので、これを取り消してしまった。翌七年九月有岡は落城し、宇喜多直家また毛利方より信長に通じ、本願寺の運命はここに極まった。同年冬より朝廷は和睦に乗り出し、本願寺は大坂退出の条項に難色を示したが、信長の強硬態度によって、ついに全面的に講和条件を入れることとした。

天正八年四月九日顕如は開山影像などを奉じて大坂を退城し、十日紀州雑賀についた。しかし閏三月五日顕如が退城を約したときも異議を唱うるもの少

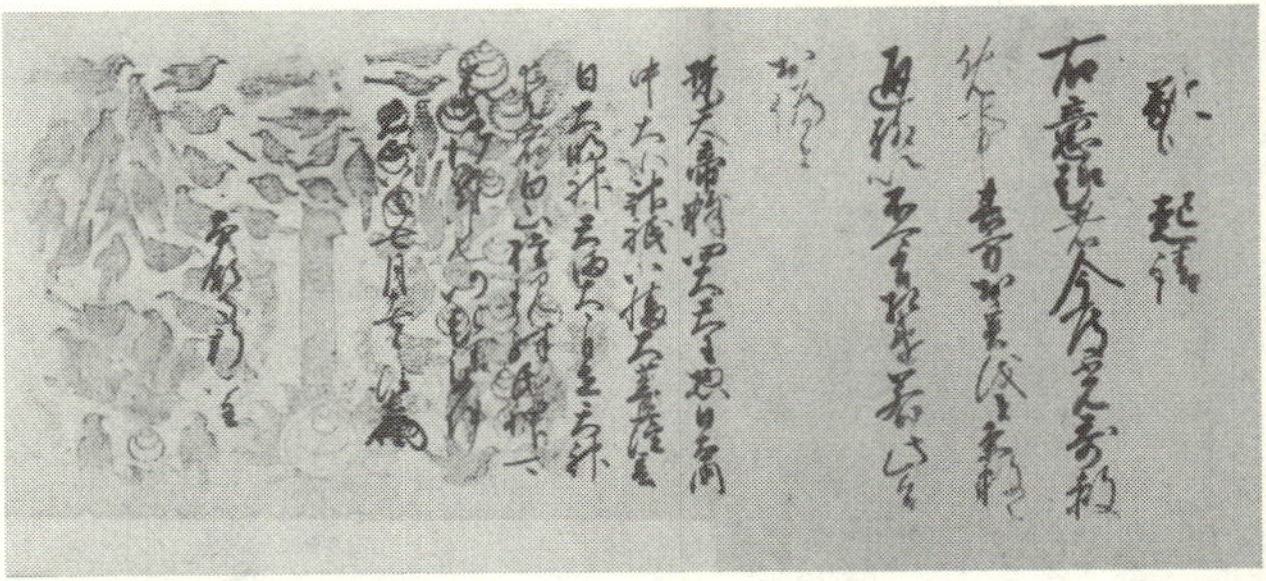

織田信長血判誓詞（西本願寺蔵）

なからず、その後柴田勝家らは加賀二郡（江沼・能美）の返付、矢留（休戦）などの講和条件を無視して金沢御坊に迫ったので、主戦論は強化され、新門教如も同意して再挙をはかった。新門は顕如の退城は二十日間ばかりの旅行にすぎず、生身御影は大坂にありとし、顕如また隠居のことは事実ではなく、教如に従うべからざる旨を諭し、互いに諸国門末に檄を発している。しかし六月には兵庫・尼ケ崎も陥り、教如は大坂の支え得ないことを察して和議を申し出、七月十七日近衛《このえ》前久《さきひさ》を通じて、新門主教如に講和条件と血判起請文とが渡された（上掲写真「信長誓詞」参照）。

　八月二日退城のときには雑賀・淡路より数百艘の迎船を送り、籠城衆はそれぞれの縁をたどって、蜘蛛の子を散らすように別れていった。別れるに臨み、西風が強く、炬火の火の粉が飛んで、本願寺の伽藍は三日間にわたり燃え続け、ことごとく灰燼に帰した。渡してのちに焼けるように用意したとも伝えられた（多聞院日記）。

証如がここに移ってから四十九年、蓮如の開創より八十五年、抜きがたき南無六字の法城も、ここに終わりを告げるにいたった。そして信長は二十八ヵ国の地侍と百姓を支配し、天下統一の基礎を固めたのである。

2　東西本願寺の分立

教如と准如

石山退城後、教如は信長を憚って諸所に居を移し、天正十年六月信長の死まで顕如・教如父子は義絶状態にあり、信長の死後「叡慮」によって和解した。文禄元年（一五九二）十一月二十四日、顕如がなくなると、秀吉は教如に命じて本願寺を継がせたが、翌二年生母如春尼は教如の弟准如を改めて法嗣に定めようとし、顕如の譲状を証拠として訴え出た。そこで秀吉は十年ののち准如に譲ることとし、教如もこれを承諾したが、家老たちはその譲状を怪しみ、元来譲状は家老たちに披露してのち出されるものであると主張した。秀吉はこれを聞いて腹を立て、譲状にまかせて直ちに准如へ譲ることを申し渡した。こうして教如は「代代幷先師譲状にまかせ」て准如に門主を譲り、自ら退いて裏方に移ることとした。関白秀次の奏請によって教如の退隠が勅許され、十月十三日秀次、同十六日には秀吉より証状を下して准如を本願寺影堂留守職につけた。この後十年、慶長七年（一六〇二）家康は京都七条烏丸《からすま》に方四町の地を教如に授け、本願寺と称せしめ、これより本願寺は東西に分立することになる。これが本願寺分裂に関する伝説の筋書きである。

顕如の死後、秀吉が教如に書を与え、門跡本坊に移らせ、教如の住んでいた館へは准如と母如春を移らせたことは事実で、この秀吉朱印状は今も東本願寺にある。しかし、十月十三、十六日の秀次《ひでつぐ》・秀吉の証状は、西本願寺にはこれと同文・同年月日の秀次黒印状と秀吉朱印状があるが、書風が全く当時のものでなく、印の形が少しく異なり、ことにそれらが重複しているのが妙である。また秀次の黒印の形が秀吉の朱印と同じであるのも不思議である。これは星野恒博士以来模造とされている。さらに如春尼と准如が教如に迫って職を譲らしめた最大の根拠は顕如譲状である。教如の家老たちもこの譲状に向かって強く反抗したのであって、この譲状の真偽は古来より問題とされてきた。その本文は左のごとくである。

譲渡状
大谷本願寺御影堂御留守職之事、可レ為二阿茶一者也、先年雖レ書レ之猶為二後代一、書二置之一候、此旨於二違背輩在レ之者、堅可レ加二成敗一者也、仍譲状如レ件
天正十五丁亥暦極月六日　光佐（花押）
阿茶御かたへ

譲状の原本は西本願寺に蔵せられるが、紙質墨色は、偽作であっても同一時代・同一場所であるから、この点から真偽を考えることはできない。しかしその書風は生硬で萎縮し生気がなく、他の顕如の筆跡と比較して模造の跡歴然たるものがある。しかも冒頭に「譲渡状」とあることは、覚信以来の譲状に「ゆつりわたす云々」とあるのに真似たもので、製作者が文書の様式に通じていないことを示し、「天正十五丁亥暦」の暦の字もこの種の文書では異例に属する。また「阿茶御かたへ」の宛名は本文に「可為阿茶」とあるから重複しており、譲状にかかる宛名のあるのも異例である。その他「先年雖書之猶為後代書置之」はいかにも附加してその偽作を蔽わんとしているようで不自然であり、成敗云々の語も譲状としてはおかしい（辻善之助著『日本仏教史　近世篇之一』）。

　それでは如春尼はなぜ譲状を偽作してまで教如を廃しなければならなかったのであろうか。これについても継母説や末子の愛にひかれたという説、如春の操行悪く教如がこれを諌めたためであるとか、如春が有馬の湯で色仕掛けで秀吉を説きつけたとか、教如の内室（お福）に如春が嫉妬したとか色々取沙汰されている。ここで注目されるのは、教如の室が三度目で、如春としてはこの女の所出の子に法灯を継がせるよりは、実子の准如にと考えたのではないかということである。これに家老（坊官）の問題がからむとき、問題は単に如春と教如の間のことではなくなってくる。教如は石山退城の時の主戦派で顕如の破門した八十余人を召し出し、とくに下間仲之《ちゆうし》の奏者を免じ、下間頼竜を登用し、定衆の誓願寺《せいがんじ》・定専坊《じようせんぼう》を押し込め、勘気を受けた福田寺《ふくでんじ》・端坊《はしのぼう》を任じた。この政変によって権力の座から離れた定衆・奏者は如春尼にすがって反教如派となるのは当然で、本山官僚機構の分裂が、如春と教如との対立となって表面化したものといえる。こうして如春は旧家老に擁せられ、本願寺に伝える古文書・宝物を教如に渡さず、秀吉に訴願するために有馬温泉にでかけ、譲状をこの間に偽作したのである。

東西本願寺の分立

教如は秀吉の命によって退隠し、裏方と称せられたが、慶長五年（一六〇〇）関ケ原の役の直前、家康のもとに陣中見舞いに駈けつけた。天下分け目の戦いに、さいの目を東方にかけたのである。佐渡の西蓮寺には葵の紋章づきの蒔絵《まきえ》枕と、土器の破片があるが、これは同寺住職が教如に随従し家康より下賜されたもので、土器片は出陣の水盃《みずさかずき》に用いたものと伝承されている。一方准如は七月十日江州佐和山に石田三成《いしだみつなり》を訪ねている。教如の機略に長じ、見通しの確かなことは驚歎に値しよう。慶長七年家康が烏丸に教如住持の本願寺を建立したとする伝説はここに胚胎するのである。それは江戸における教如と家康との会見のときの密約（一向一揆を押さえ、時宜により一揆を起こさせる）によるとか、大津での両者会談で教如は本願寺住持職就任を辞退したため、別に一寺を建て三河以東の門徒を属せしめるとか、本多正信《まさのぶ》の献議により本願寺の大勢力を二分するためであるとか、色々伝説が附随している。

しかし当時の記録には慶長七年烏丸本願寺創立の記載は見えず、逆に教如がなお隠居の身分であることを示す史料が多いのである。慶長七年十月本願寺取立の家康の廻文・本多正信の添状（大谷寺誌）はともに偽文書であることは明らかで、大谷派本願寺自身の記録である『大谷派本願寺日記』にもそのことは見えない。ただ厩橋妙安寺《みょうあんじ》の親鸞自作の木像を家康が取り寄せ、教如に寄附したことは見えるが、これに関する本多正信書状も偽文書とされている（辻善之助著『日本仏教史　近世篇之二』）。木像取り寄せは事実かも知れぬが、本願寺取立を確認せしめるものとはならないのである。

　翌慶長八年、教如が裏方の住居を出て一寺を建立し、同年妙安寺から親鸞木像を迎えたことは事実である。幕府が寺地を定めたことも事実であろう。しかし一派独立が許されたのではない。当時本願寺と称するものは准如方を指し、教如は信門・信浄院・裏方・隠居などと称せられている。教如が歿し、宣如の代になると、信乗（浄）院と呼ばれつつ一派の門跡として扱われてくる。そこで元和五年本願寺内敷地御寄附状（武家厳制録）に六条七条の間四丁分寄附したことが示されているから、ここに裏方は本願寺門跡として幕府公権から確認されたということができる。

　ただし東本願寺が徳川幕府と密接に結びつき、その保護によって発展したことは事実である。諸大名もこれにならって多く東派を引き立て、越前一揆を虐殺した金森長近のごときは飛騨一国を東派に変えさせ、白川照蓮寺に子息を入寺させている。

　ここから西本願寺派は豊臣恩顧の教団としての色彩を明らかに打ち出し、徳川恩顧の東本願寺に対抗し、伝統の優位を示してくる。本願寺は紀伊雑賀衆の内紛から天正十一年寺基を鷺森より和泉貝塚に移し、ついで同十三年秀吉の好意によって再び大坂天満（旧石三山内六町の跡）に移し、さらに同十九年秀吉の京都の都市計画の一部として京都七条堀川に移転した。このときも秀吉は移転には経費もかさむから、今後三年間各方面への時節の贈物を中止するよう申し越している。ところが堀川本願寺は、慶長元年の大地震で御影堂が倒壊し、元和三年（一六一七）火災にあってことごとく炎上してしまった。桃山建築の粋と称せられる鴻《こう》ノ間・黒書院・白書院等一帯の建物は寛永年間の営構といわれ、寛永四年以前には飛雲閣もまた現在地にはなかった。しかるにそれが、伏見城の遺構を移したといい、聚楽第《じゅらくだい》の移建と伝説的に語り伝えるのは、西本願寺が豊臣秀吉との深い結びつきを強調したからにほかならぬ。

幕末にいたり、徳川政権の衰亡が誰の目にも明らかになったとき、全国的倒幕運動に結びついて西派で勤王僧が活躍し、西本願寺が維新政局へ積極的に登場してくるのは、長州藩が関ケ原敗戦の記憶を呼びさましたと同じ程度に、この豊臣との関係が新しい社会的基盤で再生産されたと考えられる。吉田松陰に共鳴した僧月性《げっしょう》、第二奇兵隊の「金剛隊《こんごうたい》」を組織して高杉晋作《たかすぎしんさく》の指揮下に投じた大洲鉄然《おおずてつねん》、彼の協力者赤松連《あかまつれん》城《じょう》・島地黙雷《しまじもくらい》など、いずれも西派の末寺僧で、毒殺された月性を除き、明治期本山の立役者であったこと、あたかも長州藩の下士が明治政府の要人となったのと同様であった。禁門の変で敗退した長州兵（山田顕義・品川弥二郎ら）は西本願寺にかくまわれ、翌年会津藩では「新撰組」の屯所を西本願寺に置いて監視するという一幕もあった（広如上人芳蹟考）。東本願寺が王政復古の陰謀が成功しても、なお日和見《ひよりみ》を続けたのと、好箇の対照をなすものと言えよう。

興正寺の独立

徳川幕府が諸大名を統制したのと同様に、仏教界でも中央集権化が行なわれ、本山の勢力は強化され、寺院の階級・僧侶の格式が厳重に定められた。家康が寺院法度《はっと》を制定するに当たって採用したものはこの実態と原則であって、訴訟手続でも本寺または門主の添状なきものは受理せず、本寺を相手どっての訴訟は、まず不可能であるばかりでなく、受理されてもほとんど本寺が勝訴となった。本寺は末寺住職の任免、上人号等の執奏、異義の取り締まり、訴訟願届の添状発行など広大な権力を握ることになったのである（辻善之助著『日本仏教史　近世篇之三』）。

そこで東西本願寺もまた強大な統制権を末寺門徒はもちろん一門一家衆にまで行使し、同朋同行教団は今やピラミッド型の封建教団の形態を完成し、本寺以外はすべて末寺となってしまった。しかしそれは由緒ある大寺院の好むところではなく、稲田坊跡という浄興寺も天正ごろ末寺ではないと主張している。ところが東本願寺の分立が実現すると、興正寺も西本願寺を離れて一本寺となることを企てるにいたった。興正寺は仏光寺経豪が門弟を率いて蓮如に帰属し、山科本願寺に隣接して興正寺を建て蓮教と名乗ったところから始まる。二代蓮秀は西国地方に多数の門末を獲得し、細川晴元と本願寺証如との和睦を実現した功により一家衆に列せられた。三代証秀のあとをついだ四代顕尊は顕如の次男、准如の兄に当たり、入寺とともに脇門跡に列せられ、興正寺は中本山と称し、准如の妻は顕尊の女であった。顕尊の子准尊《じゅんそん》は権僧正となり、その子准秀《じゅんしゅう》の妻は准如の女で、本願寺良如の姉にあたっている。このように西本願寺一万の末寺のうち、最大の門末をもち、血統も寺柄も第一位にあるのがこの興正寺であった。

しかし五代准尊は准如の下風に立つことを潔しとせず、教如の立場にも同情したのであろうか、東派に帰属しようとした。

今度興門（准尊）、宝寿院（准尊母）、内儀（輝元養女）引連、教如へ参るべき由、しんもん（信門派）は中より確かに申来候
（准如書状）

このときの具体的事情は分からないが、一応和解が成立している。ところが准秀のとき、西本願寺良如《りようによ》は学校を興し、初め本堂の北に建てたのを興正寺の南辺に移した。これが今日の龍谷大学の淵源であり、西吟が講主となった。西吟のライバル肥後の月感《げつかん》はこのとき西吟に禅宗色ありとその非を鳴らし、本山に迫ったが、准秀は讃岐高松侯の庇護の下に月感に与し、承応二年（一六五三）大坂天満に下り、木像・御影・僧階などをすべて本山同様に自己の末寺に下付した。同四年良如は幕府に訴え、対決の結果准秀の敗訴となり、越後高田に配流せられた。争議の一因となった学校も新儀法度の口実で破却せられている。

こののち興正寺・本願寺の争いは久しく解けず、天明三年（一七八三）寺社奉行阿部正倫の斡旋も成らず、西本願寺の訴えにより寛政四年（一七九二）から牧野忠精《まきのただきよ》を調元とし、評定所で訊問が開始された。調元は松平輝和《まつだいらてるやす》・土井利厚・脇坂安董《わきざかやすただ》・堀田正穀《ほったまさざね》、ふたたび脇坂安董と代わり、文化四年（一八〇七）にいたり将軍の裁決が下り、興正寺は西本願寺末寺で、尊貴他に比すべからざる本願寺の親属であるから、相与《あいとも》に和融すべしと申し渡された。明治六年（一八七三）七月に大教院対本願寺の分離問題の起こったとき、興正寺摂信は諸宗合同を唱え、越後高田浄興寺の稲田勝芸らとともに分離反対を主張した。同八年大教院解散の省令が出ると本願寺を離れて別派独立を請願し、同九年九月興正寺派の独立を見ることとなった。真宗十派はこれでそろったわけである。

一向宗と浄土真宗

真宗は古くから一向宗・無碍光宗・門徒宗・本願寺宗などと呼ばれ、幕府をはじめ諸藩の寺院政策では、「一向宗」を公式の称呼としていた。しかし蓮如の御文で、当流を一向宗と称したことはないと言っているように、本願寺の方では「一向宗」名を嫌い、浄土真宗と呼ぶべきことを主張していた。そこで安永三年（一七七四）両本願寺・専修寺・仏光寺などは合議の上、幕府に「浄土真宗」に統一すべきことを請願した。これに対し寺社奉行松平忠順は、寛永寺および増上寺に諮問したところ、寛永寺は可としたが、増上寺は翌四年故障書を提出した。すなわち浄土真宗とは円光大師建立の浄土宗の称呼で、一向宗を浄土真宗と称するときは宗名混雑し、東照宮様の尊慮に障り、勅命綸旨、条目制禁に障るとしたのである（浄土真宗宗名一件）。

寺社奉行所では本願寺・専修寺などが書類に浄土真宗と書いてくるのを差し止めるわけにはゆかないが、奉行所が浄土真宗と書いても差し障りがあるから、伺書・申渡しの書付証文等は、以後一向宗と書くこととし、役所一般に通達し、増上寺に内命を下した。そこで築地・浅草の両本願寺輪番から奉行所へ抗議文と窺書を提出し、東本願寺は二条役所・京都所司代へ願書を、西本願寺は寺社奉行に弾文を提出した。こうして十六年にわたる宗名論訴《しゅうめいろんそ》が始まったが、幕府はその処置に苦慮し、安永六年寺社奉行牧野越中守は宗門帳は一宗限別帳とし、宗名肩書は従来通りと申し渡した。ところが京都では吟味中は浄土真宗としたためることは差し控えるよう触れ出され、本願寺は抗議したが、徳正寺外四ヵ寺は寺請状・送り状等に浄土真宗としたため、知恩院の訴えにより町預かりに処せられ、関係町役人ならびに町人らも処分せられている。この間老中は近衛家九条家へも相談し、増上寺は幕府大奥を動かそうとし、祐天寺《ゆうてんじ》住持と茶人静易とが九条家に一件を預けようと斡旋し、田沼意次《おきつぐ》へ本願寺から三十万両の賄賂《わいろ》を贈ろうとしたという噂も飛んでいる（聞集録）。

天明八年（一七八八）京都の大火で東本願寺が焼失すると、宗名論争も一頓挫したが、この年六月浅草本願寺末の光円寺《こうえんじ》・宗恩寺《しゅうおんじ》・徳本寺《とくほんじ》などは賢君松平定信に訴願し（宗号再発之略記）、寺社奉行牧野忠精に十四度にわたって愁訴をくり返した。そして東・西本願寺からも口上覚書が呈出せられ（甲子夜話《かっしやわ》）、寛政元年（一七八九）三月、寺社奉行は東本願寺役僧・光円寺・宗恩寺などを召し、左の通り申し渡した。

宗号御願の儀、余儀なき事ニ候、然《さ》り乍《なが》ら当時御繁務中急遽の御沙汰には及ばれ難く候、猶追つて御沙汰これ有る迄は先づ御願中の御心得たるべく候。

つまり公務繁忙を理由に裁決を無期延期してしまったのであり、西本願寺及び増上寺へもこの旨通達せられた。その後輪王寺宮《りんのうじのみや》の仲裁により一万日の御預かりということで一段落したといわれる（真宗全史）。

明治二年、宗門人別《にんべつ》改《あらため》のとき、京都府から一向宗と認めるよう布告があり、東本願寺より歎願し「浄土真宗」を認めさせた。同五年三月宗教行政を管掌していた大蔵省は宗号を「一向宗」と認むべき旨言い渡したが、東本願寺の願により評議し、ついに浄土真宗より浄土の二字を除き、「真宗」に確定するという「維新文明ノ公裁」を下したのである（『日本仏教史　近世篇之三』）。興正寺問題といい、宗名問題といい、本願寺発展途上には見られない現象であって、すでに津々浦々まで本末寺檀の関係が行きわたり、固定化した結果、そこに本末を争い、独立を企て、名聞《みようもん》を求めることが行なわれたのである。しかし「一向宗」号が宗門の自称でなく、外部の貶称であつて、支配するものの立場から、真宗に冠せられたにすぎないものであるからには、それの廃棄が強く主張せられたことは、真宗の政治に対する自主性の確立の一つの表現であると言うことができよう。

親鸞大師号と収賄事件

本願寺は証如のとき九条家の猶子となったが、これ以後経済的に恵まれた本願寺は身分的栄進を渇仰してくる。中世では「在家下劣」の門末を抱え、「一向宗」と賤視された劣等感から、他宗にまさる名誉を求める気持ちはさらに強かったと思われる。南都北嶺の仏法者が「高位をもてなす名と」することを「末法悪世のかなしみ」としたのは親鸞であったが（愚禿悲歎述懐）、「高位」という名聞を得ようとして東西相競う本願寺の愚かさは、この親鸞五百回忌にあたって露呈されたのであった。

宝暦十一年は五百回忌に当たるので、宝暦四年（一七五四）、東・西本願寺は親鸞に大師号を贈られんことを武家伝奏に内談した。しかし東・西本願寺に各別に大師号勅書を一通ずつ下すことはできず、摂政より所司代にこの難点を指摘した。そこで所司代は幕府と連絡の上、表向き本願寺から願い出させるか、願い出ないようにすべきかを朝廷に尋ね、摂政より桃園天皇に伝えたところ、大典侍局が故院（桜町天皇）の思し召しに、すべて大師号は容易に勅許してはならないということを承っているといったので、本願寺より表向き願い出ないよう所司代に指示が与えられた。そこで所司代は両本願寺に親鸞大師号が願いのようにならないときは、きずがつくということで願い出を止めさせ、両寺とも了承した（兼胤卿記）。

この件につき、まもなく公家の間に詐欺収賄が行なわれたことが発覚した。東本願寺がはじめ大師号宣下の運動を起こすと、西本願寺の勝手向（会計）をつとめていた加納《かのう》権大夫《ごんだゆう》が、京都の書家葛烏石《かつらうせき》とはかって大師号の運動を起こし、土御門《つちみかど》泰邦《やすくに》・園《その》基衡《もとひら》・高辻家長《いえなが》・中山栄親《ひでちか》らが収賄したものである。所司代の密告により摂政は九条尚実を通じて西本願寺に事情を訊したところ、最初は躊躇したが、ついに一切を告白した。これによると土御門がまず西本願寺に、東本願寺に大師号勅書の下付が近きにあることを告げ、西門跡はあわてて、土御門・中山・園・高辻に依頼し、土御門の注意により中山へ絹縮五反、園・高辻へ千疋酒一樽ずつを贈った。やがて中山は困窮を訴え、二十片（二十両）の合力を頼んできたので、本願寺より贈ったところ中山から土御門宛自筆書状を送り、これは本願寺の手に保存してあるというのである。

中山栄親は金子は借用でもらったのではなく、本願寺坊官下間宮内卿に大師号宣下と無関係であるという栄親宛書状を書かせたが、門主の直話と書状が動かぬ証拠となり、有罪は確定的であった。しかし表向きにすれば事態紛糾のおそれもあり、関係者は蟄居・屏居させられて事件は落着した。一方烏石は一向宗の富豪を説いて運動資金約八百両を詐取したといわれる。これについて辻博士は『続談海』から次のような落首を披露しておられる。

ひる《（蛭）》の塩かゝ《（懸）》るむけん《（無間）》の苦しみは金がほしさの佐夜の中山（中山栄親）
今迄は何のそのともおもひしに此行末は心もとない（園基衡）
つみとが《（罪科）》の名も高辻に身の果は筑紫へゆかにやならぬ家筋（高辻家長）
内々の首尾は大形《おおかた》よ勘平《かんぺい》どつこいやらぬ安部の泰邦（土御門泰邦）
肉食で大師な《（大事無い）》ひとてねが《（願）》へども一向ならぬ事もしんらん（本願寺）

このの ち宝暦八年両本願寺合同で大師号願をなすこととしたが、所司代は「御所表」のさしつかえを理由に却下した。ついで文化五年（一八〇八）、来たる文化八年の五百五十回忌のため大師号運動を起こしたが、叡山では親鸞に大師号を勅免すれば他の大師の威光が薄くなると反対意見を奏し、ために本願寺・専修寺などの願書は却下された。多年の歳月と莫大な運動費によって親鸞に「見真大師《けんしんだいし》」と諡号が宣下されたのは明治九年のことであった。

3　教団の機構と基盤

本願寺教団の機構

蓮如のとき末寺・門徒の飛躍的増加が見られ、実如を経て証如・顕如のとき、本願寺教団の機構は整備された。すなわち僧侶と俗人の分化が顕著となり、寺院間に本末《ほんまつ》関係が整えられ、門徒は道場を中心に、寺院・講に所属して組織化され、教団の中枢には門主を中心に一門一家衆・御堂衆・奏者・番衆等の制度が備わったのである。

まず本末関係について見ると、寺院は本願寺との間に本寺末寺の関係をもつとともに、末寺相互の間にも本末関係が生じている。この本末関係は元来法流相承の師資関係から生じたもので、A寺門徒B寺下Cとあれば、AはBに対しBはCに対して善知識で、BはAに対し、CはBに対し末学《まつがく》である。それが本願寺に結びついたとき、善知識＝坊主分が本願寺への手次（取りつぎ）となり、師弟関係が統合された大教団の骨格を形成するのである。

もちろん真宗の建前は同朋同行であって、全信徒は平等に弥陀につながるものである。蓮如も「或人いはく、当流のこゝろは、門徒をばかならずわが弟子とこゝろへおくべく候やらん、如来上人の御弟子とまうすべく候ふやらん、その分別を存知せず候」と疑問を投げさせ、在々所々に小門徒をもつものが、手次坊主にそれを隠している実情を述べている。つまり観念的には本末関係は師資法流の関係以上のものではなく、一旦入信すればひとしく弥陀の弟子たるべきものであるが、現実には門徒は寺の財産であり、世俗的勢力関係から本寺がとりかえられていることはもちろんである。

寺院または門徒と本願寺との本末関係を明確に表示するものは本尊・七高僧・太子影・開山影などの裏書で、これらは道場や講から手次寺院を経由して本願寺に申請し、宗主が本尊や影像に名称・年月日・願主名と所在地・所属関係・自署花押を裏に書いて下付するのである。他宗他派や単立組織が本願寺に帰属した場合も同様で、現在実如下付の本尊が開基仏として多く残っているのは、道場寺院が多く造られたというよりも既存のものが新しく本願寺の下に

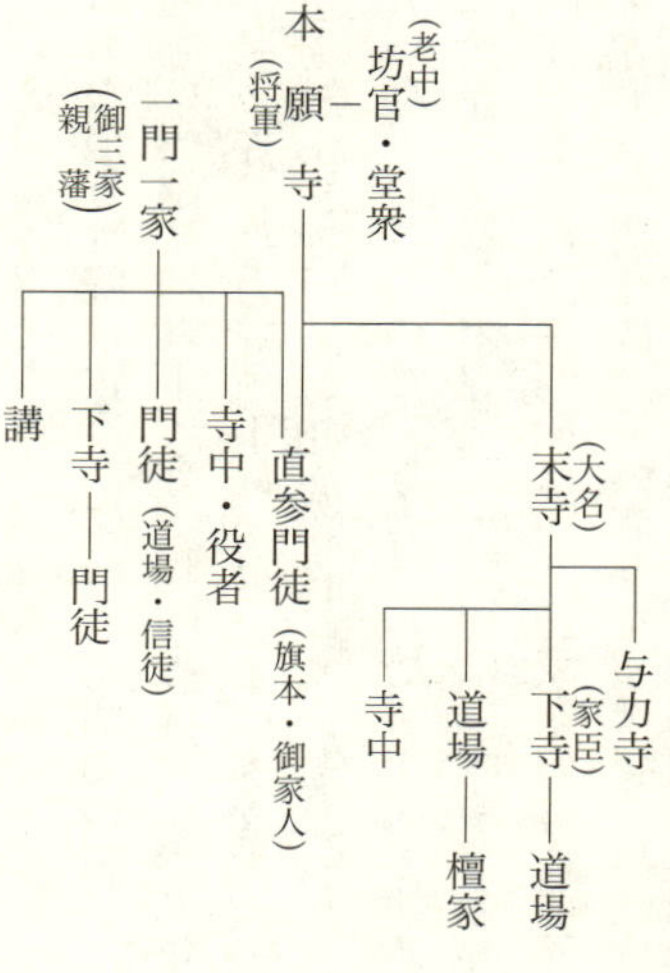

入ったと見るべきであろう。

有力な地方寺院は古くからの教化活動の結果として多くの末寺道場をもっている。浄興寺は信越に約九十ヵ寺、超勝寺は天正十九年加越能に三十七ヵ寺、本覚寺は末寺八十二ヵ寺・与力寺《よりきでら》二十九ヵ寺（本願寺文書）、佐々木上宮寺は文明十三年百五ヵ所の道場をもっている（如光弟子帳）。かかる下寺も御家門・与力・末寺の三つの格式に分かれているもので、与力は本坊を手次とするが、末寺よりも格が上である。

本願寺に直属の末寺または門徒は「直参《じきさん》」と呼ばれる。直参末寺（直末《じきまつ》）は孫末寺《まごまつじ》と門徒を抱え、直参門徒は一門一家衆の寺に所属している。直参は名誉であるから、孫末寺や末寺門徒は上位の直参を望んで上昇傾向を示し、地方大坊主は、直末取立によって下坊主数の減少を来してくる。明治初年の中山廃止はその結末であり、蓮如以来の有力直末寺対策に終止符を打ち、一君万民的教団体制を作り上げたものであった。徳川家の支配機構およびその変質と酷似した形態をとっていることが注目されよう。そして武家社会に国持・城主・無城・年寄・用人・物頭などの複雑な階序のあったように、本願寺でも五ヵ寺や巡讃より下は平僧にいたる寺格があり、本願寺との親疎・由緒・勢力などで決定されていた。これは単に幕府権力で規定されるといった性質のものではなく、むしろ近世封建社会を生み出した原動力が本願寺教団体制をも作り出したのであるから、幕府が倒潰しても一朝一夕にして消失し去ることはなかったのである。

寺院の存在形態

中世において寺号を公称する寺院はおおむね地侍と関係がある。元亀二年、浅井長政に応じ信長軍を攻撃した江北十ヵ寺教団は「下坊主・ひらの衆」を配下に多数の門徒衆を動員しているし、近世初期の屋敷の形態や検地帳からしても、この点は確認できる。越前折立称名寺住持も天正三年には佐々木蔵人《くらんど》として門徒を率いて本願寺軍と戦っているし、大町専修寺住持は還俗して大町助四郎という武士になっている。一般的に見て、天文年間の本願寺では坊主分は旗本衆と同格に扱われ、旗本衆は代官職をもつ地侍で、番頭《ばんとう》層と婚姻関係を結ぶものもあった。従って大坊主分には「殿様」の敬称が用いられている（阿岸本誓寺文書）。

本願寺の財政的基礎が末寺銭・志納・勧進、名号・本尊・影像下付の代銭（五百《ごひゃく》代《だい》、一貫代は大小を示すが、本来は代銭であった）のほか、中世では庄園所職もあったように、寺院の経済的基礎も加地子《かじし》領主職ないし名主得分であった。在地寺院への寄進状を見ると、㈠寄進の対象は開山聖人で、㈡寄進内容は加地子得分権化した名主職であり、㈢寄進者は同行衆の負担による道場主であるが、その性格は本名の解体のなかから出現してきた新名主層で、㈣寄進地は別相田、雑免地が多い。つまり新開ないし農業集約化の結果として在家（新名主）の手もとに集積された生産余剰が「後生菩提」のため寺に献ぜられているのである。㈤寄進行為は「公方」、「同名」（一族）、「地下」によって保証されるが、これは政治勢力とならんで一族と惣村の規制が重要な意味をもつことを示し、永正十一年惣村が寺への土地売券に連署連印している例もある。

ところで道場坊主は直参末寺への昇格を常に望むもので、これが中世末の百姓の身分的経済的上昇に裏付けられて寺号を称する道場が次第に増加してくる。加賀では享禄・天文の乱によって往古からの直参末寺が多く退転し、その末寺道場は一部超勝寺・本覚寺についたほかは、ほとんど直参となっている。そして超・本二寺についたものも東西分派を機会にかなりの数が本坊を離れて自立してしまった。このような寺院は検地帳にも百姓分として扱われ、道場に発するものだけに中世末の長《おとな》百姓的性格をもち、馬・地之者・下人などをもっている。石川県能登部町乗念寺は古来の羽咋《はくい》本念寺下道場が、天正二年寺号を与えられたものであるが、寛永五年鹿島半郡人別帳によると地之者九郎右衛門（馬一頭所有）・下人宗次郎をもっている。地之者とは名子《なご》的農民で某百姓分と肩書きされているから分付主の屋敷地内に住む隷属的小農民で、分付主との間に主従関係があると考えられる。ところでこの九郎右衛門の家は現在も乗念寺の寺中を勤めている。寺中とは本坊の家臣格の役僧で、原則として門徒をもたず、末寺・門徒より本寺への手次、寺役の下請けなどを勤めるもので、通常本坊の屋敷地内に住坊を構えるが、坊舎そのものは自己のものである。この点を考え合わせれば、本坊と寺中との関係はまた夫役経営の主体たる初期本百姓と名子的な地之者との関係が教団内に延長され再生産されていると言える。そして地侍的寺坊も名主得分が近世に入って否定されてくるから、その経済的基礎は道場主（新名主）の納める加地子より下人労働力使用の手作地と、同行百姓の懇志へと変化し、百姓寺院と質的に区別し得ないものになってくる。これは教団の基盤が在所在所の年寄・長百姓から村落の構成員である平百姓へと移行し拡大したためで、近世社会において顕著な小農民自立化ないしは検地帳・人別帳にそれらが登録される傾向と一致するものであった。

道場と村落

真宗教団成立発展の背景は「講」と呼ぶ同行衆の結社である。本願寺の財源は講の拠金による懇志であり、寺院住職の生活もまた講における読経・法話の謝礼に多く依存していた。この講中の寄合の場がすなわち道場である。

道場の始源は寺院住持の廻檀宿であり、同行集会の場所を提供する有力農民の家であったと思われる。石川県山中町の真砂《まなご》部落は寛文四年検地帳では二十八戸を算し、戦国末までは越前大同丸（織田町）・鞍谷（鯖江市）の山間部を遊動するろくろ師集団であった（宮本家文書）。真砂神社の本地仏は阿弥陀如来で古い五輪塔墓石も社殿付近に散乱しているので、この部落民は白山系念仏集団であったと考えられる。この部落の総本家である宮本家は部落の司祭であるが、ここはまた「ジョウヤ」（場屋）つまり真宗道場であって、実如判の御文・伝蓮如筆六字名号などがある。しかしここでは道場と宮本家は同一の家屋であり、仏間にあたるところは「デイ」（出居）と呼ばれ、仏壇の向かって右は当家の位牌・本尊であるが、左方は道場の本尊・名号が飾られているのである。このような出居の「内道場《うちどうじょう》」が発生的見地からして道場の始源的形態であると思われる。加賀大杉谷村瀬領部落の本蓮寺下道場寺本家が「ジョウヤ」の通称をもつように、寺本・宮本姓は内道場であり寺院住職の廻檀宿でもあるわけである。岐阜県白鳥町歩岐島悲願寺《ひがんじ》開基三船西了の俗姓伊藤五郎左衛門の家系は現在も続いているが、この家の仏壇に実如下付の方便法身尊像二幅があるのも、悲願寺の前身が伊藤家の内道場であったことを思わしめる。

内道場が発展して別棟の道場が建てられるが、これも普通の民家と変わりはなく、ただ「小棟を高くあげて民屋と差別」をつけたという（改邪鈔）。

福井県穴馬地方は岐阜県白鳥に隣接し、古く大町専修寺の門末であったが、ここには各部落に道場、そのいくつかを統合して惣道場があり、西本願寺・東本願寺・興正寺の直参となっている。ここでは道場は一般民家と同様で、余間《よま》は招待された寺院住持の宿泊休憩するところである。外陣《げじん》に相当するところには幾つかの炉が切られ、雪国のことであるから、この火にあたりながら同行集会がなされたことを思わしめる（二五六頁の図参照）。しかも炊事場まで付属しており、共有の食器で共同会食（斎《とき》）のなされる村落共同体の生活をさながらに見ることができる（中外日報）。

この道場がさらに発展して越中五箇山や飛驒白川郷に見られる合掌造り向拝式《こうはいしき》の道場となる。これも道場と坊主の居宅とは全く別個に建てられた民家で、道場の坊主はいわゆる毛坊主であって、法名をもつが在家であり、農民である。ただ法要を営む場合にのみ法衣を着するのが常で、山間地の経済的事情から寺務に専念する僧侶を分化せしめるにはいたらなかったことを示している。五箇山の道場は明治にいたっていずれも寺号を公称するが、他地方にみられる寺院様式を示すものは、早く寺格を得た利賀西勝寺と赤尾行徳寺があるのみであって、他は本覚寺・万法寺《まんぽうじ》・瑞泉寺・専光寺な

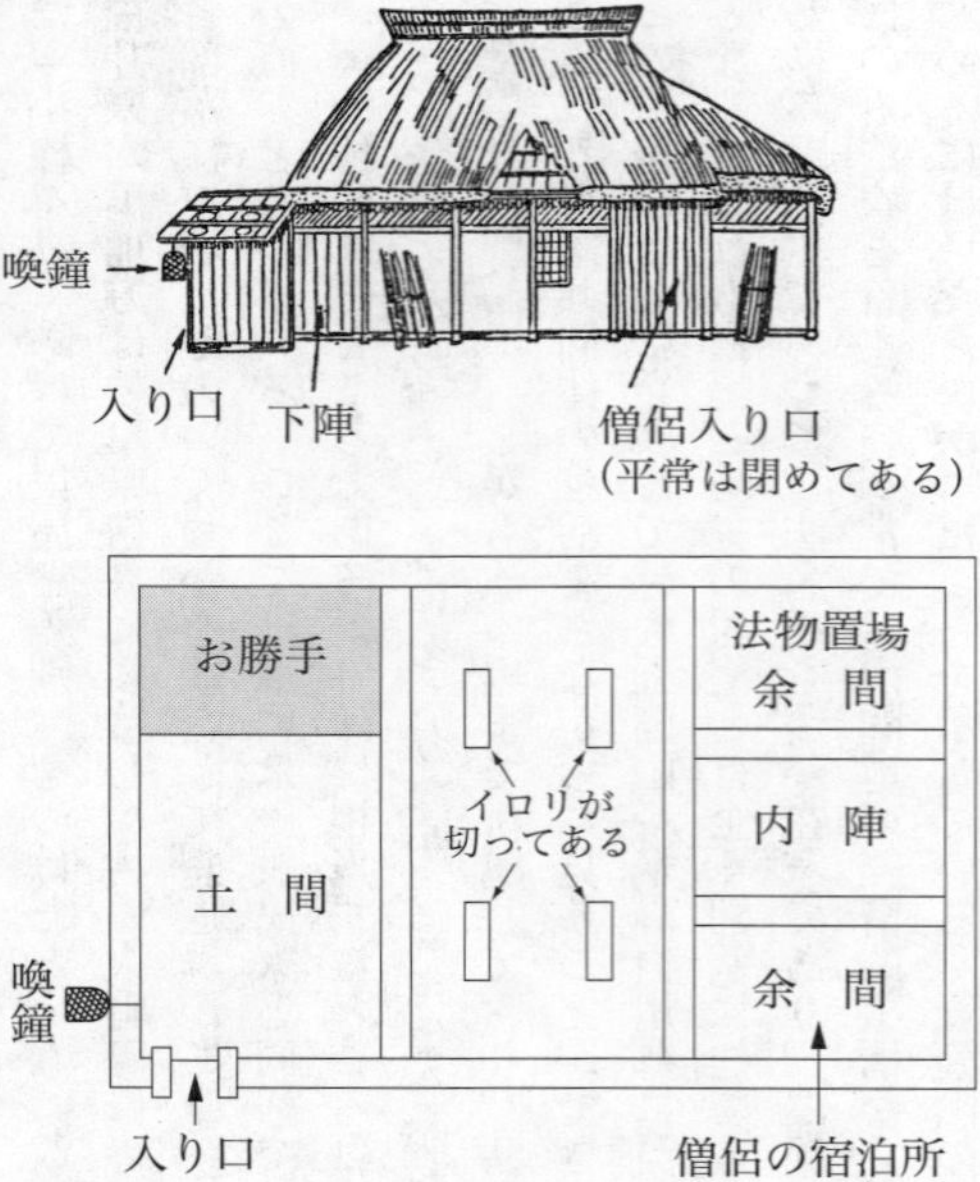

越前国穴馬道場図（宮崎円遵博士の御教示による）

どの道場であった数百年来の旧観を存しており、寺院昇格以前の道場の実態を眼前に教示してくれるものである。しかも下梨高田市助道場（瑞願寺）は、瑞泉寺が佐々成《さっさなり》政《まさ》に追われて五箇山に逃亡したときの宿泊所であるが、証如の年貢請取状を存し、また藩政初期の五箇山の十村肝煎《とおむらきもいり》でもあって、有力農民＝道場坊主の一典型たるべきものである（瑞願寺文書）。

かように道場は村落共同体の中心的地位を占めるもので、道場主は村の年寄・長百姓の家かまたは分家であり、真俗とも相まって村民を掌握支配するものであった。村にとっても道場は不可欠のもので、越前坂井郡小橋屋村が飛砂のため越後蒲原郡越前浜へ移動したときも、小橋屋の川尻西光寺下道場は越後に赴いて現在の西遊寺《さいゆうじ》となっている（西遊寺縁起、小橋屋検地帳）。また越前三国勝授寺には忠左衛門なる道場主が村方（垣内《がくち》）へ提出した誓約書を蔵するが、そこには「私共往古より当垣内之道場相勤来候、然る処、御堂これ無きに付、垣内より建てなされ…（中略）…若し私道場勤め難く候節は、垣内江右此品（仏壇・仏器具）残らず御渡し申すべく候」と記している。敷地も堂舎も仏壇も本尊もすべて「垣内」の所有であった。寺院檀家の関係は神社の氏子関係と異なり、一定地域圏内に複数異系の寺檀関係が入り組んでいること は無視できない。しかし本願寺が貴族化し、本願寺教団の機構のなかにもはや同朋的色彩を認めがたいこの時期において、教団の基盤はなお村落生活に密着した形で「惣」的伝統をもち続けたのである。このことは太閤検地帳に見られる本百姓の一般的成立＝家の確立が屋敷神的本尊より庶民の家の神棚的仏壇への展開をもたらし、寺檀制度を成立させたのであるが、村落共同体はなおいまだ解体することなく、名主・庄屋と表裏一体をなした群小寺院・道場の存在がなお可能であったためにほかならない。本願寺や大寺院の貴族化にも拘らず、庄園制の解体・明治の廃仏毀釈《はいぶつきしやく》や朱印地・黒印地の没収にも真宗教団が微動だもしなかったのは、かかる共同体的諸関係の強固な残存の賜物であった。

武士と真宗

近世封建社会を作り出した国侍層が、真宗と浅からぬ因縁をもつものであったことは、三河一向一揆その他ですでに見たところである。しかし彼等が天下を取ったときは多く禅宗・浄土宗・天台真言に帰依し、三百諸侯中、一向宗を奉ずるものは五指に足りなかった。真宗はやはり支配者の信仰ではなかったのである。

『甲子夜話』に次のような話がある。上野の一町人が輪王寺宮と親しくしてよく碁を打っていた。本願寺門主の江戸下向を迎える準備でこの町人が多忙なことを聞いた輪王寺宮は、それほど崇拝しているのなら、本願寺門主に一度会わせてやろうと約束した。当日町人は輪王寺宮のところへ出向くと、末座に控えた僧侶が宮にあごで使われていたが、宮はこの僧が一眼拝みたいと言っていた本願寺門主だと町人に紹介した。そこで町人は、活仏だと思っていた本願寺上人をこんな態度であしらう輪王寺宮がいかに偉大な方であるかを再認識したというのである。本願寺に関する手厳しい逸話はこのほかにも数々語られている。

かかる武家の真宗に対する態度は、本願寺も大名もともに農民の余剰生産物と町人の冥加金の上に立っており、一は自発的な懇志を受けて富み、他は強制的に徴収し、しかも財政窮乏に苦しむというところからくるものであろう。徳川光圀といい、池田光政といい、近世のいわゆる名君が排仏毀釈《はいぶつきしやく》を行なって真宗を圧迫したのは、幕藩制の確立には農村をしっかり握っている本願寺教団が障害物であるためにほかならない。豊臣秀吉が天正十五年キリシタンを禁制したときにも、一向宗が天下統一の障害となったことをあげて、禁制の理由としている。真宗蔑視は畏怖であり、従って保護もまた圧迫の変形にすぎないのである。

このような本願寺教団に対する幕府や公家の重視と軽視の交錯した態度のなかにあって、最後まで真宗禁制を貫徹したものは薩摩藩であった。薩藩は日新公（島津忠《ただ》良《よし》）の時、「父母ヲ軽ンジ、仏神ヲ疎《うとん》ズル」、「悪逆無道天魔ノ所作、天下国家ヲ乱ス」魔賊であるという理由で天文年間禁圧されたものである（日新菩薩記）。このころ相良家でも一向宗を禁じているが（相良家文書）、そこでは一向宗があやしげな祈禱投薬をなしたことを理由とし、神祇を軽んじたため白山が神の怒りで噴火したと述べている。日新斎は念仏信者であったが、神祇不拝・民俗風習を認めない一向衆を、儒教的立場から是認できなかったものであろう。天正十三年一向宗を奉ずるものは生害させるという禁制が発せられ（上井覚兼日記）、文禄二年にも一向宗侍が処分されている。慶長二年島津義弘の禁制十八ヵ条にも先祖以来禁制ゆえ、一向宗になることは曲事《くせごと》と令し、同四年島津の衆中は連判して一向宗を奉ぜざることを誓っている。両本願寺の依頼も謝絶され、以後三百年薩藩の士民は秘密信仰を持して明治にいたった。「薩摩仏」と称する小型の阿弥陀尊像を拝し、深山幽谷の法話法談を聴聞し、発覚すれば厳刑に処せられるにもかかわらず、農商の信者を維持し、侍にもひそかにこれを外護するものがあった。明治九年鹿児島県令大山格之助が真宗信仰の自由を公許したとき、柱の穴にかくした仏像を仏壇に安置し、念仏を高声に唱えることができるようになり、真宗は急激に普及したのである。

結び

真宗が発展し、本願寺が隆盛に赴いたのは日本の封建社会の展開、とくに郷村制の形成、幕藩体制の成立と相応する時期であった。その大をなしたゆえんもまた、武家社会の統一と同様に、各地の小教団を併呑し、ついで中央集権化を強めたところにある。そして勢の赴くところ本願寺の本山官僚の専横と、地方末寺の御坊（別院）輪番への服従という形で、古い衣をつけたまま、次第に絶対主義化が進められてくる。文久元年（一八六一）親鸞六百回忌には摂津常見寺《じょうけんじ》明朗《みょうろう》・近江円照寺慈音《じおん》らが大会を開き、宗政改革を叫んだ。これは尊王攘夷論に表現される一般的改革の気運の宗門への波及であって、この運動は何らの効果もなかったが、明治元年長防二州法中総代妙誓寺黙雷・荘厳寺唯唱・妙善寺功成・光妙寺有蔵・徳応寺連城の五名の改革建議書となって現われたのである。

八月六日、黙雷らは西本願寺広如と会見して改正意見を具陳したが、その要目は「要路弊習」として、一　信仰心なきこと、一　坊官家臣の聚斂して私慾を逞《たくま》しくす

ること、一　賄賂をとり裁断が偏頗であることを指摘し、「改正基本」として、

一　真俗混和、内外一致のこと

一　執政、参政、黜陟《ちゅっちょく》登用のこと

一　入るを量りて出づるを為す会計予算のこと

の三項をあげている。要するところ坊官・家臣の宗務専断を廃し、有能な末寺僧を登用させて、絶対主義教団の官僚たらしめようとするものであった。東本願寺ではヤソ教研究を目指して明治元年開設した「護法場《ごほうば》」の学僧たちが本山改革の声をあげた。そして門跡廃止とともに坊官・家司制は消滅し、西派では大洲鉄然・赤松連城・島地黙雷等の長州派が、西では石川舜台《しゅんだい》・渥美契縁《かいえん》ら末寺僧の手に宗政の実権は移った。

しかしこの明治維新に際しての本願寺の改革は、本山機構を改革し、宗政を末寺僧侶が握ったにとどまり、教団構造そのものの改革ではなかった。西本願寺法主で英明の聞こえ高かった明如《みょうにょ》は、明治十二年（一八七九）六月築地別院本堂上棟式の前日、大洲鉄然以下本山役員を解職し、北畠道竜を革正事務局総理に任じ、同時に次のような革正綱領十六ヵ条を発表し、幕府時代の因習はもちろん、宗祖・中興（蓮如）上人

の思し召しにそわぬものは、得失の有無に拘らず廃棄すべきであると宣言した。

一　五尊（内陣にある本尊画像）中の歴代御絵を廃止する。
一　寺格・身分制を廃し、黒衣、墨・黄袈裟に一定する。
一　寺院を教会組織とし、檀家の名称を止め、帰依自由とする。
一　大谷家戸主は本廟の墓守として存在する。
一　管長、住職《（本願寺）》は正副二人を置き末寺僧侶より公選する。
一　本山本願寺を東京に移転する。等々である。

これは当時勃興した自由民権思想、従って薩長藩閥政府打倒の気運を反映するものであって、大洲鉄然ら長州閥が解職されたのはこれに基づいている。しかも共同体的諸関係の解体と信仰の自由、職業選択・居住移転の自由の確立という新しい時代に際会した本願寺改造の重点をついたものといえる。本願寺の苦悩は第一に寺格で飾り立てられた本末関係であり、第二に大谷門主家の地位と性格であり、第三に寺檀関係であって、そのどれに手をつけても、教団にとって致命傷となる重大問題であったからである。

明如の革正は京都はもちろん全国的に波瀾をまき起こし、「法主御謀反」「君側の奸北畠道竜を葬れ」という当然の結果を招いた。地方から上洛する末寺門徒は数千に上り、不穏の形勢も見えたため、三条実美《さねとみ》・岩倉具視《ともみ》から明如に帰洛がすすめられた。かくして明如は管長・法主・華族の辞退、位記の返上を決意したが、ついに思い止まり、長州閥の手で明治十四年西本願寺の憲法である寺法の制定を見ることとなった。

東本願寺でも明治十九年宗制寺法が定められたが、のち執事渥美契縁らに対し、清沢《きよざわ》満之《まんし》・南条文雄《ぶんゆう》らが争い、改革派「白川党」は明治三十年処分されたが、現如法主によって改造へ乗り出すことになる。ただしそこでは本山は一派共有であるが、大谷家戸主が管長であり本願寺住職であるから、帝国憲法における天皇の地位をさながらに顕現したものであった。大谷派宗制寺法（第九十二条）でも「本山ノ住職ハ即管長ナルヲ以テ別ニ任免ノ手続ヲ定メズ」と規定しており、寺族の信教・職業選択の自由は何ら顧慮されるところはなかった。

戦後「家」の制度は民法から姿を消したが、昭和二十七年の大谷派・本派の本山寺法では宗祖の系統に属する嫡出男子に本願寺住職を継がせることとし、住職の長子・長孫等とその順位まで決定している。この点末寺住職の相続も同様であって、大谷派では末寺の宗教法人規則準則作成に当たり、「住職は某姓を名乗る教師について管長が任命する」（第六条第二項）としたが、これは「家」が何ら法的根拠を持たないからである。しかもその説明に当たっては、「本山では長子相続制を捨てた訳ではありませんが、民法が改正せられたために、止むを得ず、あゝした訳です」と述べている（真宗五八八号）。覚如に始まる「血脈相承」の業縁の深さをしみじみと感じさせられるとともに、封建制とともに発展した大教団の本質を如実に示す言葉と言うべきであろう。「信心」はたしかに個人に属するものであるが、教団は世俗的論理に従って形成されてきたものであり、社会変革を伴わない「民法改正」では教団の本質にメスを入れるわけにはゆかない。しかしこの民法の改正が上からの条文の書き直しに過ぎないものであるか、それとも日本社会の構造変化の集中的表現であるかは、やはり歴史の審判を待つべき問題であろう。

参考文献

史料

玄智編『大谷本願寺通紀』(大日本仏教全書、真宗全書)
真宗聖教全書編纂所編『真宗聖教全書』(宗祖部、列祖部)
妻木直良編『真宗全書』正・続
真宗典籍刊行会『真宗大系』正・続
稲葉昌丸編『蓮如上人遺文』
同　『蓮如上人行実』
上松寅三編『石山本願寺日記』上・下
龍谷大学編『龍谷大学三百年史』
本願寺室内部編『明如上人日記抄』前・後

研究著書

村上専精『真宗全史』(一九一六年、丙午出版社)
本願寺史編纂所編『本願寺史』第一巻(一九六一年、浄土真宗本願寺派宗務所)
辻善之助『日本仏教史』中世篇之一(一九四七年、岩波書店)
同　中世篇之五(一九五一年、岩波書店)
同　近世篇之一(一九五二年、岩波書店)
同　近世篇之二(一九五三年、岩波書店)
同　近世篇之三(一九五四年、岩波書店)

森竜吉『本願寺』（一九五九年、三一書房）
松野純孝『親鸞』（一九五九年、三省堂）
宮崎円遵『親鸞とその門弟』（一九五六年、永田文昌堂）
赤松俊秀『鎌倉仏教の研究』（一九五七年、平楽寺書店）
笠原一男『親鸞と東国農民』（一九五七年、山川出版社）
　同　『中世における真宗教団の形成』（一九五七年、山喜房仏書林）
　同　『一向一揆』（一九五五年、至文堂）
梅原隆章『真宗史の諸問題』（一九五九年、顕真学苑）
藤島達朗『恵信尼公』（一九五六年、新井別院恵信尼公遺徳顕彰会）
真宗史研究会編『封建社会における真宗教団の展開』（一九五七年、山喜房仏書林）
富山県史編纂委員会編『富山県の歴史と文化』（一九五八年）
石川県編『石川県史』第一巻（一九二七年）
福井県編『福井県史』第一巻（一九二〇年）
禿氏祐祥『真宗史の特異性』（一九三五年、山喜房仏書林）
上原芳太郎『蓮位と頼恭』（一九三九年、下間次郎麿）
谷下一夢『真宗史の諸研究』（一九四一年、平楽寺書店）
　同　『顕如上人伝』（一九四一年、浄土真宗本願寺派宗務所）
服部之総『蓮如』（一九四八年、新地書房）
吉田久一『日本近代仏教史研究』（一九五九年、吉川弘文館）
森岡清美「近世真宗教団の基礎構造」（一九五九年、日本仏教第四号）
柏原祐泉「近世における真宗末寺の性格」（一九五九年、日本仏教第六号）

解説

草野顕之

一

『本願寺』は、戦後の一向一揆研究をリードした井上鋭夫氏が、畢生の大著ともいうべき『一向一揆の研究』(吉川弘文館、一九六八年)を世に問う六年前の一九六二年に、至文堂の「日本歴史新書」の一冊として刊行されたものである。そして、発刊後四年を経た一九六六年に、本文の一部に修正が加えられ、索引が付された形の「増補版」として再刊されている。今回の講談社による文庫化は、この増補版をもとに行われた。

井上鋭夫氏は、一九二三年石川県江沼郡大聖寺町仲町(現、加賀市)のお生まれで、一九四八年に東京大学文学部国史学科を卒業され、跡見学園で教鞭を執られた後、一九五一年新潟大学人文学部の助手に就任された。以後、同学部の講師・助教授を経られて、一九六八年教授に進まれた直後、金沢大学法文学部の教授に転じられている。そして、同大学で七年間にわたって研究を進められ、また学生の指導を行われたが、一九七四年一月に脳内出血によって急逝されることとなる。五十歳の若さであった。

井上氏の研究は大きく、本書や『一向一揆の研究』、また『蓮如・一向一揆』(岩波日本思想大系)などに代表される本願寺・一向一揆の研究を始めとして、『謙信と信玄』(至文堂)や『上杉史料集』(新人物往来社)などにみられる上杉氏を中心とする戦国大名の研究、さらに『奥山庄史料集』(新潟県教育委員会)や『北国庄園史料』(福井県立図書館・福井県郷土誌懇談会)の編集や、『山の民・川の民――日本中世の生活と信仰』(平凡社選書、ちくま学芸文庫)に収められた論文にみられる中世北陸地域史の研究、の三分野にわたっている。これらの全ての業績を紹介する紙幅はないので、本書に展開される第一番目の分野を中心に解説するが、特に第三番目の分野に関しては、井上氏の没後七年目に、井上氏が学術雑誌や論集などに発表した関係論文を集成して刊行された『山の民・川の民――日本中世の生活と信仰』に、石井進氏が的確な解説を行われているので、是非ご参照頂きたい。

二

さて、『本願寺』は井上氏の代表的研究分野とも言える本願寺・一向一揆研究の端緒となる著作である。

第一章「真宗の開創」では、本願寺が宗祖と仰ぐ親鸞の生涯と思想から筆を起こし、親鸞の時代関東に形成された初期教団を「同朋教団」として把握し、その組織と具体的有様を検討する。次いで第二章の「本願寺の形成」では、親鸞の墓所に建立された大谷廟堂の成立について述べ、廟堂跡職をめぐって起こった親鸞の孫・覚恵と唯善との紛争を経て、覚恵の子・覚如により実現する大谷廟堂の寺院化＝「本願寺」形成にいたる過程を明らかにする。第三章「真宗教団の発展」では、形成された本願寺の発展過程を追うとともに、親鸞の門弟を派祖とする諸門徒団の動向を明らかにして、それらの諸門徒団との軋轢のなかで北陸に教線を拡大する本願寺の様相を述べる。さらに第四章「戦国動乱と本願寺」では、戦国時代の本願寺に現れた傑僧・蓮如の生涯を述べるとともに、この時代に発生する一向一揆や、蓮如による教団拡大の有様を論じ、蓮如の跡を継いだ実如・証如・顕如時代の本願寺教団の確立過程を述べる。そして、最後の第五章「幕藩体制と真宗教団」では、三河一向一揆から石山合戦にいたる統一政権と本願寺の関係を明らかにし、石山合戦の処理に端を発する本願寺の東西分派、さらには江戸時代から明治初頭にかけての東西本願寺の教団的課題について述べ、最後に本願寺教団の構造を論じて筆を置いている。

以上、粗々と紹介したように、本書はその成立から明治初頭にいたる本願寺の通史である。本願寺という一寺院の歴史とはいえ、選書版の二百数十頁の中に、十三世紀初頭から十九世紀までの七百年に及ぶ寺史と教団史を描くのであるから、その内容はすこぶる濃密である。しかも、後述するように、ありきたりの叙述でなく、現代の本願寺・一向一揆研究においても問題とされるような論点が、そこここにちりばめられた意欲的な著作でもある。

本書を刊行するまでに井上氏は、「富樫氏と応仁の乱」（日本歴史四八）や「十六世紀における本願寺経済の一考察」（新潟大学法経論集）などの本願寺・一向一揆に関わる論文を発表されてはいるが、それは主として戦国時代の研究であって、親鸞や初期教団、また近世・近代の本願寺に関しての仕事は全くない。しかも、戦後の真宗史の到達点を示す『真宗史概説』（平楽寺書店、一九六三）が刊行されるのは本書の一年後であって、この段階でこうした中身の濃い本願寺通史を書いた井上氏の力量には驚くほかない。

ちなみに、本書の巻末に付された参考文献をみてみると、本願寺の通史的な著作としては、古くは一九一六年に刊行された村上専精『真宗全史』(丙午出版社)、近くは一九四七〜五四年に刊行された辻善之助『日本仏教史』(岩波書店)が挙がっているが、時代的な制約もありやや護教的叙述が目につく前著や、史料を豊富に用いるものの平板な叙述に終始する後著に学びながらも、両著とは大きく異なる視座で叙述されている。また、本書刊行の前年には、『本願寺史』第一巻(本願寺史編纂所)が刊行されており、その叙述内容を参考にしたと思われる箇所が散見されるものの、『本願寺史』が本願寺歴代の事績を中心にした本願寺史を述べようとする方向性とも、本書の立場は異なっている。

三

それでは、この『本願寺』の特徴はどこにあるのか。井上氏は「はしがき」において次のように述べる。

私は本書において、この本願寺の数奇な波瀾に富んだ発展過程を客観的に考察し、その発展の背景をなす日本の社会・政治・経済・思想と関連させつつ叙述しよ

うと試みた。その点これは本願寺の科学的由緒書のつもりであり、本願寺発展の謎に対する一つの解答でもある。(三頁)

この一文に井上氏の叙述の姿勢が余すところなく表れていよう。ここにいう「由緒書」とは、寺院や神社がみずからその歴史を叙述した物語であり、そこには伝説や伝承など、とうてい史実とは認められない内容も多く含まれている。井上氏は北陸の寺院を回り史料調査を行う中で、数多くの寺院の由緒書に接してきたのであろう。そして、そうした伝説や伝承の世界を批判的に検証する意味で、本書を「科学的由緒書」と表現したのではなかったか。つまり、戦後急速の進歩を遂げつつあった科学的歴史学の方法を、一寺院史に適応させる一方で、そうした近代的歴史学では切り捨てられてしまうような伝説や伝承を、科学的な目で復元しようとするのが井上氏の姿勢であった、とも思われるのである。

こうした姿勢は、本書の随所に確認することができる。例えば、第一章「真宗の開創」において、親鸞思想の特徴の一つを「呪術の否定」ととらえているが、それが初期開教地の関東において農民達に受容されたのは、「十一、二世紀以降の農業生産力の進展と無関係ではあり得ない」として、思想はただ思想として存在するのではなく、当時の社会のあり方や経済構造などに規定されて存在するという、科学的な解釈を行う一方で、その関東に生まれた親鸞門弟の多くが著名な武士を出自と称する伝説・伝承に対して、「それは貴種流離譚や祖先の由緒書で、せいぜい親鸞が日野有範の子であるという本願寺の伝説と同程度の信憑性しかもたない。しかし親鸞が下級貴族の出身と推測される程度に、彼等門弟も地方の豪族と関係づけられないであろうか」と述べて、これらの寺伝が語ろうとしている世界を、可能な限りすくい取ろうと試みてもいる（二二三〜三六頁）。

また、第三章「真宗教団の発展」では、本願寺派以外の真宗教団である高田・仏光寺・三門徒などの動向を述べることで、本願寺の位置をより明確にしようとしているが、とりわけ確実な史料が少ない三門徒に関しても、高僧連坐像などの絵画資料をも駆使して、その離合集散の歴史を巧みに描いている。その一方で、「彼等は和讃称名しつつ男女行道し、踊躍念仏の異風も見られるが、『威儀』を立てた本願寺よりはるかに真宗的」であったと述べ、その民衆との親和性を評価してもいるのである。こうした視点は、それまでの真宗史の叙述が、多く三門徒を秘事法門の徒として批判的に論じているのに対し、「その教線の急激な進展と後年の本願寺との関係から、かく非難されたものであろう」と、きわめて合理的かつ科学的な評価を下すのである（一二五〜一三二頁)。

四

このほか、本書にはその後の本願寺・一向一揆研究に与えた影響の大きい論点が散見される。

その代表は、井上鋭夫氏の業績を論ずるときに第一に挙げられる「ワタリ・タイシ」論である。すなわち、井上氏は蓮如に編成される初期真宗の徒は、「法印」「タイシ」などと呼ばれる修験道的性格を持った宗教者で、聖徳太子信仰を持ち、金掘り・杣工などの鉱業・林業などを生業とする「山の民」であり、彼等が水運に携わる「ワタリ」(川の民)と結びつき、蓮如によって本願寺教団に編成され、真宗教線の拡張に大きな役割を果したとする(『一向一揆の研究』)。こうした「ワタリ・タイシ」論の先駆けが、既に本書に見られている。

すなわち、第三章「真宗教団の発展」において、「新潟県岩船郡を流れる荒川上流域では筏流し・箕作りなどを業とする『タイシ』と呼ばれる賤民があった。(中略)『タイシ』だけは本願寺門徒である。おそらく聖徳太子信仰の徒という意味であろう」と述べ、以下、真宗門徒に山の民や職人が多く見られる事例を紹介している(一三二〜一三五頁)。本書では、「ワタリ」への言及は見られないものの、『一向一揆の研究』で大きく展開する「ワタリ・タイシ」論への一段階として興味深い。

また、第一章「真宗の開創」で初期真宗門徒の生活規範を述べたところでは、門徒団の惣的結合についても論じている。すなわち、「真宗の場合は農村の道場にいたるまで衆議尊重を建前として」おり「門徒惣中は鎌倉中期から畿内に登場してくる惣村共同体の先蹤をなすものであった」として、門徒団の性格づけを行っている(三六〜三九頁)。

また、第四章「戦国動乱と本願寺」では、蓮如の後の実如の時代に、本願寺は勢力を高め、公武の間に重きをなしてきたが、それは必ずしも是認されていたわけではないとして、『後法興院政家記』や『忠富王記』に記される本願寺の穢れを嫌う公家の意識を紹介している(一八四〜一八五頁)。

さらに、第五章「幕藩体制と真宗教団」では、本願寺教団の教団機構の問題を論じ、古くより指摘されている本末制度だけでなく、「直参」と呼ばれる本願寺直属の寺院群があり、それが本願寺の姻戚寺院たる一門一家衆の寺に所属するという複合的教団組織のあり方を指摘するなど、教団機構分析の面でも新しい切り口を示している(二四八〜二五一頁)。

このような、本願寺教団史に関する井上氏の指摘は、現代の本願寺・一向一揆研究においても、教団機構分析の重要な視点として議論されることが多いが、こうした重要な論点を、この戦後の早い時期に出版された著作で行っていることには、改めて驚かされるのである。

今回の文庫化によって、井上鋭夫氏の初期の名著に再び注目が集まり、本願寺・一向一揆研究への理解と関心が高まることを念じている。

（大谷大学教授）

わ　行

ま　行

な　行

は　行

た　行

さ　行

か　行

索　引

本書は、一九六二年至文堂より刊行された『本願寺』の増補版（一九六六年刊）を底本としました。

井上鋭夫（いのうえ　としお）
1923年、石川県生まれ。東京大学文学部国史学科卒業。新潟大学教授、金沢大学教授を歴任。専攻は日本中世史。1974年没。著書に『一向一揆の研究』『謙信と信玄』『上杉謙信』『新潟県の歴史』『山の民・川の民』などがある。

講談社学術文庫

定価はカバーに表示してあります。

本願寺《ほんがんじ》

井上鋭夫《いのうえとしお》

2008年10月10日　第1刷発行

発行者　野間佐和子
発行所　株式会社講談社
東京都文京区音羽2-12-21 〒112-8001
電話　編集部（03）5395-3512
販売部（03）5395-5817
業務部（03）5395-3615
装　幀　蟹江征治
印　刷　豊国印刷株式会社
製　本　株式会社国宝社
本文データ制作　講談社プリプレス管理部

ISBN978-4-06-159896-6

「講談社学術文庫」の刊行に当たって

これは、学術をポケットに入れることをモットーとして生まれた文庫である。学術は少年の心を養い、成年の心を満たす。その学術がポケットにはいる形で、万人のものになることは、生涯教育をうたう現代の理想である。

こうした考え方は、学術を巨大な城のように見る世間の常識に反するかもしれない。また、一部の人たちからは、学術の権威をおとすものと非難されるかもしれない。しかし、それはいずれも学術の新しい在り方を解しないものといわざるをえない。

学術は、まず魔術への挑戦から始まった。やがて、いわゆる常識をつぎつぎに改めていった。学術の権威は、幾百年、幾千年にわたる、苦しい戦いの成果である。こうしてきずきあげられた城が、一見して近づきがたいものにうつるのは、そのためである。しかし、学術の権威を、その形の上だけで判断してはならない。その生成のあとをかえりみれば、その根は常に人々の生活の中にあった。学術が大きな力たりうるのはそのためであって、生活をはなれた学術は、どこにもない。

開かれた社会といわれる現代にとって、これはまったく自明である。生活と学術との間に、もし距離があるとすれば、何をおいてもこれを埋めねばならない。もしこの距離が形の上の迷信からきているとすれば、その迷信をうち破らねばならぬ。

学術文庫は、内外の迷信を打破し、学術のために新しい天地をひらく意図をもって生まれた。文庫という小さい形と、学術という壮大な城とが、完全に両立するためには、なおいくらかの時を必要とするであろう。しかし、学術をポケットにした社会が、人間の生活にとってより豊かな社会であることは、たしかである。そうした社会の実現のために、文庫の世界に新しいジャンルを加えることができれば幸いである。

一九七六年六月　　　　　　野間省一

《新刊案内》 講談社学術文庫

1876 北山茂夫

女帝と道鏡 ―天平末葉の政治と文化―

相次ぐ政変、病、孤独……悩める女帝に手をさしのべたのは無名の学僧・道鏡だった。二人の蜜月から転落までを丹念に追い、前代未聞の関係と仏教政治の実態を暴く。

1877 榎本武揚　講談社 編

榎本武揚 シベリア日記

明治の元勲はロシア公使離任の帰途、古馬車での難儀なシベリア横断を敢行。町の様子や工場での見聞など十九世紀シベリアの実情を具に綴った一万三千キロの旅日記。

1878 大隅和雄

事典の語る日本の歴史

道真が心血を注いだ『類聚国史』、日本初の日本語辞書『倭名類聚抄』、近世和学の集大成『古事類苑』……知の基盤たる事典を通して読む、日本人の精神の系譜。

1879 野家啓一

パラダイムとは何か ―クーンの科学史革命―

クーンが発明し流行語となった「パラダイム」。科学革命は知の連続的進歩ではなく歴史的所産としての見方の転換によって起こるとする反常識の新概念を面白く解説。

1880 佐藤弘夫

日蓮「立正安国論」全訳注

日蓮宗「三大部（三つの最重要書）」の一つ『立正安国論』。明治以降、予言の書として国家主義と結びついてきた問題の著作を虚心坦懐に読み、その真意を解明する。

1881 R・ベネディクト　米山俊直 訳

文化の型

アポロ型文化とディオニソス型文化――文化の類型と個別文化の「世界観」の相対性を、未開社会の比較から探る。『菊と刀』の著者による文化人類学の古典的名著。

《新刊案内》　講談社学術文庫

村井益男
江戸城
―将軍家の生活―
江戸時代に全国の技術・労力を結集し築かれた巨城。十二世紀半ばの豪族の館から皇城に至るまでの歴史、築城術や城内の生活など、多様な視点から江戸城を概観する。
1882

阿辻哲次
漢字道楽
「鮨」とは？　「卍」は何画？　「布什」大統領って誰？　古代の「甲骨文字」からIT時代の漢字まで、漢字に囲まれて育った著者が語り尽くすユニークな漢字文化論。
1883

ティルベリのゲルヴァシウス
池上俊一 訳編
西洋中世奇譚集成　皇帝の閑暇
奇蹟と魔術の間に立つ《驚異》。幽霊、狼男、人魚、煉獄、妖精、魔術師……。中世の民俗学者が蒐集した「科学的驚異」譚の数々が、失われた時代の想像力を甦らせる。
1884

E・B・スレッジ
伊藤　真
曽田和子 訳
ペリリュー・沖縄戦記
硫黄島に匹敵する損害率を米軍に与えたペリリュー戦、そして「地獄の」沖縄戦。米海兵隊員が戦争の恐怖と悲惨を克明に綴る、最前線からの証言。〈解説・保阪正康〉
1885

酒井シヅ
病が語る日本史
古来、日本人はいかに病気と闘ってきたか。糖尿病で苦しんだ道長、胃ガンで悶え死にした信玄や家康など、歴史上の人物の逸話を盛り沢山に交えて綴る病の文化史。
1886

吉野裕子
山の神
―易・五行と日本の原始蛇信仰―
なぜ山の神はふたつの神格をもつのか？　『古事記』で「白猪」、『日本書紀』では「蛇」とされた「山の神」。その複雑な信仰を、易・五行と蛇信仰の混淆として解読。
1887